따라하면 매출이 **따라**오는
인스타그램 마케팅

따라하면 매출이 따라오는
인스타그램 마케팅
INSTAGRAM MARKETING

일에일북

프롤로그 • **소셜미디어 마케팅의 미래,
           인스타그램**

소셜미디어 마케팅에 대한 새로운 지식을 습득하기 위해 필자는 2015년부터 매년 미국 캘리포니아주 샌디에이고에서 열리는 '소셜미디어 마케팅 월드 컨퍼런스'에 참석했다. 그곳에서는 전 세계 64국에서 모인 5천 명의 소셜미디어 마케팅 전문가들이 함께 모여 새로운 마케팅 방법과 트렌드에 대한 강의를 듣고 토론한다.

매년 참석할 때마다 소셜미디어 트렌드가 전 세계적으로 빠르게 변화하고 있다는 것을 감지할 수 있었다. 올해 전문가들이 중점을 두고 토론한 주제는 소셜미디어 플랫폼 인스타그램·유튜브·페이스북이었다. 그중에서도 특히 인스타그램 마케팅을 위한 사진 촬영기법 및 스토리텔링 강연에 많은 전문가들이 참여했다. 필자는 작년까지만 해도 그곳에서 만난 전문가들과 페이스북으로 친구를 맺어 인연을 이어왔지만 올해에는 서로의 인스타그램에 팔로잉을 하는 식으로 다음 만남을 기약했다.

전 세계 사람들이 보고 싶은 것을 선별해 볼 수 있는 관심사형 소셜미디어 플랫폼 인스타그램에 열광하고 있다. 인스타그램을 통해 10대부터 70대까지 전 연령층이 사진을 찍고 해시태그를 달며 자유롭게 소통하고 있다. 대한민국도 예외는 아니다. 팔로워가 많은 영향력 있는 인플루언서들은 연예인처럼 스타가 됐고, 패션·요식업·여행 등 전 분야의 산업에서 인스타그램 마케팅이 성행하고 있다.

그동안 페이스북·블로그 마케팅 분야의 강좌와 책은 많았지만, 안타깝게도 인스타그램 마케팅과 관련된 책은 많지 않았다. 대중을 위한 전문 강좌도 부족한 상황이다. 그래서 다년간 미국 IT기업 인텔에서 근무해 영어에 능통한 양성길 소셜미디어 마케팅 전문가와 힘을 합쳐 해외에서 취득한 알짜배기 정보들을 모아 이 책을 저술하게 됐다.

미국에서 인스타그램 강사 및 컨설턴트로 유명한 슈 지머만(Sue Zimmerman)의 강연을 직접 두 차례 듣고, 그녀의 책과 유튜브 강연을 통해 습득한 새로운 지식들을 우리나라의 실정에 맞게 재해석해 책에 담아냈다. 세계적인 전문가들이 공통적으로 강조하는 인스타그램 마케팅에서 꼭 알아야 할 사항들을 요약하면 다음과 같다.

첫째, 인스타그램에서는 경품 이벤트 등을 통해 팔로워들과 자주 소통하는 것이 중요하다.

둘째, 인스타그램 프로필을 잘 꾸미는 것이 중요하다. 전체 인스타그램 이용자 중 70% 이상이 관심 있는 사진을 발견하면 프로필을 열어본다고 한다. 인스타그램 프로필을 통해 홈페이지 방문을 유도하거나 이메일을 확보해 이메일 마케팅을 시도해야 한다.

셋째, 상품이나 브랜드 이미지를 사람들의 기억에 오래 남기기 위해 전체적인 배경 이미지를 통일하고, 로고나 사인 등을 포스팅에 함께 넣는 것이 중요하다. 예를 들면 슈 지머만의 경우 파스텔 톤의 핑크색을 콘셉트 색으로 정해 일관되게 사용했다. 필자의 경우 푸른 하늘과 바다를 좋아해 포스팅 시 스카이블루나 시블루 톤으로 배경을 설정해 일관된 이미지를 고수하고 있다.

넷째, 고객의 후기를 메시지로 받아 인스타그램에 올리고, 피드백을 반영한 전후 비교 사진을 업로드해 고객들의 신뢰를 쌓아야 한다.

다섯째, 고객들의 시선을 집중시키기 위해 가끔씩 움직이는 효과가 있는 GIF 사진이나 1분짜리 동영상을 만들어 올리는 것이 좋다.

여섯째, 마치 온라인 잡지를 보는 것처럼 계정에 고객들이 관심 있어 하는 다양한 주제의 사진과 영상, 애니메이션을 올려야 한다.

일곱째, 인스타그램 마케팅의 핵심은 고객과의 소통이며, 고객들을 자신의 팬으로 만드는 과정이 중요하다. 고객의 계정에 먼저 적극적으로 다가가 '좋아요'를 누르고 댓글을 달아주는 것이 좋다.

여덟째, 인스타그램 스폰서 광고를 시도해 고객들에게 직접 상품이나 서비스를 판매하고, 고객 리스트를 확보한다.

아홉째, 인스타그램을 잘 활용하고 있는 국내외 영향력이 있는 인플루언서들의 계정에 수시로 들어가 벤치마킹한다.

이 9가지 팁들을 기반으로 한 인스타그램 마케팅 전반에 대한 자세한 설명을 본문에 최대한 쉽게 풀어쓰려 노력했다. 아무쪼록 이 책이 소셜미디어 마케팅을 시작하려는 독자들에게 좋은 교과서가 되었으면 한다.

끝으로 독자들에게 간단한 질문을 던지며 마무리한다. 인스타그램 마케팅에 활용할 상품 사진의 경우 전문 사진사에게 맡겨 포스팅하는 것이 좋다. 그 이유는 무엇일까? 인스타그램 아이디 'mdkorea'로 자신이 생각한 답변을 보내주면 추첨을 통해 소정의 상품을 증정하겠다.

최재용

 **차례**

프롤로그 • 소셜미디어 마케팅의 미래, 인스타그램   004

Part 1 인스타그램 마케팅의 시대

SECTION 01 • 인스타그램의 등장   012
SECTION 02 • 사람들은 왜 인스타그램에 열광할까?   017
SECTION 03 • 알쏭달쏭 해시태그, 넌 누구니?   027
SECTION 04 • 인스타그램으로 시작하는 바이럴 마케팅   044
SECTION 05 • 전 세계 모바일 마케팅 트렌드 분석   048

Part 2 실전 인스타그램 활용법

SECTION 01 • 따라하면서 배우는 인스타그램   058
SECTION 02 • 인스타그램 사진 및 영상 제작   066
SECTION 03 • 돈이 되는 인스타그램은 따로 있다   077
SECTION 04 • 인스타그램 라이브방송   098

Part 3 팔로워가 늘어나면 매출도 늘어난다

SECTION 01 • 팔로워를 늘리는 비법은 무엇일까?   106
SECTION 02 • 스토리텔링으로 승부하라!   115
SECTION 03 • 인기 있는 포스팅 콘텐츠 만들기   126
SECTION 04 • 인스타그램 이벤트로 끊임없이 교류하자   135

Part 4 인스타그램 및 페이스북 광고 활용하기

SECTION 01 • 타깃 마케팅의 시작, 페이스북 광고 — 144
SECTION 02 • 인스타그램 스폰서 광고 활용하기 — 154
SECTION 03 • 인스타그램에서 상품 판매하기 — 159
SECTION 04 • 비즈니스 계정을 활용한 마케팅 전략 — 164

Part 5 업종별 인스타그램 마케팅 사례 분석

SECTION 01 • 교육 시장의 인스타그램 마케팅 — 176
SECTION 02 • 패션 · 뷰티 시장의 인스타그램 마케팅 — 182
SECTION 03 • 여행 시장의 인스타그램 마케팅 — 194
SECTION 04 • 요식업 시장의 인스타그램 마케팅 — 205
SECTION 05 • 피트니스 시장의 인스타그램 마케팅 — 211

에필로그 • 인스타그램 마케팅에 뛰어든 독자 여러분들의 건승을 바라며 — 216

Part 1

인스타그램 마케팅의 시대

왜 소셜미디어의 중심에 인스타그램이 자리매김했을까? 인스타그램의 속성과 효율적인 사용법, 그리고 향후 전 세계 모바일 지도가 어떻게 펼쳐질지 알아보자.

인스타그램의 등장

스티브 잡스(Steven Jobs)의 아이폰이 나오면서부터 PC 시대에서 모바일 시대로의 일대 변혁이 시작됐다. '제4차 산업혁명'이라는 단어가 회자되고 있는 배경에도 역시 스마트폰의 보급이 있다. 어른들은 교육상 아이들의 무분별한 스마트폰 사용에 문제가 많다고 주장한다. 하지만 현 시대의 트렌드를 역행할 수 없는 상황이고, 어른이라고 부르는 7080세대 또한 실버세대임에도 스마트폰을 사용한다. 사진과 동영상을 쉽게 촬영할 수 있고 인터넷 통신과 컴퓨터 지원 기능까지 추가된 스마트폰은 어른 아이 할 것 없이 누구나 소유하고 이용할 수 있는 훌륭한 복합단말기다. 이제 우리는 24시간 365일 스마트폰에 접속해 자유롭게 세상을 바라볼 수 있게 됐다. 온라인상에서 사람들 사이의 관계망을 구축해주는 SNS가 폭발적으로 성장한 배경이다.

 인스타그램이란 무엇인가?

인스타그램(Instagram)은 온라인 사진 공유 및 소셜 네트워킹 서비스(SNS ; Social Networking Service)다. 이용자들은 인스타그램을 통해 사진 촬영과 동시에 페이스북이나 트위터 등 다양한 채널에 사진을 공유할 수 있다. 인스타그램의 가장 큰 특징은 폴라로이드 사진처럼 정사각형의 사진을 사용한다는 것이다. 보통의 모바일 기기에서 사용하는 16:9 비율과는 다르다.

인스타그램은 즉석카메라(instant camera)와 전보(telegram)가 합쳐진 말이다. 케빈 시스트롬(Kevin Systrom)과 마이크 크리거(Mike Krieger)가 처음 만들었으며, 지난 2010년 10월 6일 '세상의 모든 순간들을 포착하고 공유한다'라는 슬로건을 내걸고 정식으로 론칭했다.

2명으로 시작한 인스타그램은 빠르게 저변을 넓혀 사람들이 열광하는 플랫폼으로 부상했다. 현재는 전체 사용자 중 75%가 미국 이외의 지역에서 인스타그램을 이용하고 있다. 이제 인스타그램을 시작한 사람들 중 절반 이상이 유럽과 아시아 지역의 이용자이며, 이 중에서도 특히 인도네시아, 브라질, 일본에서의 신규가입이 두드러졌다. 새로운 가입자 중에는 24시간 만에 1백만 명의 팔로워 수를 기록한 영

인스타그램은 즉석카메라(instant camera)와 전보(telegram)가 합쳐진 말이다.

국의 축구 스타 데이비드 베컴(David Beckham)과 12시간 만에 1백만 명의 팔로워 수를 기록한 교황 프란치스코(Pope Francis)가 있다. 한국에서는 한류스타 빅뱅의 지드래곤 등이 대표적이다.

소셜미디어 마케팅 시장에서 인스타그램의 영향력이 증대하면서 최근에는 인플루언서를 활용한 마케팅이 득세하고 있다. 데이비드 베컴 등과 같은 유명 스타나 오피니언 리더들을 활용해오던 마케팅의 흐름이 변화한 배경에 인스타그램이 있는 것이다.

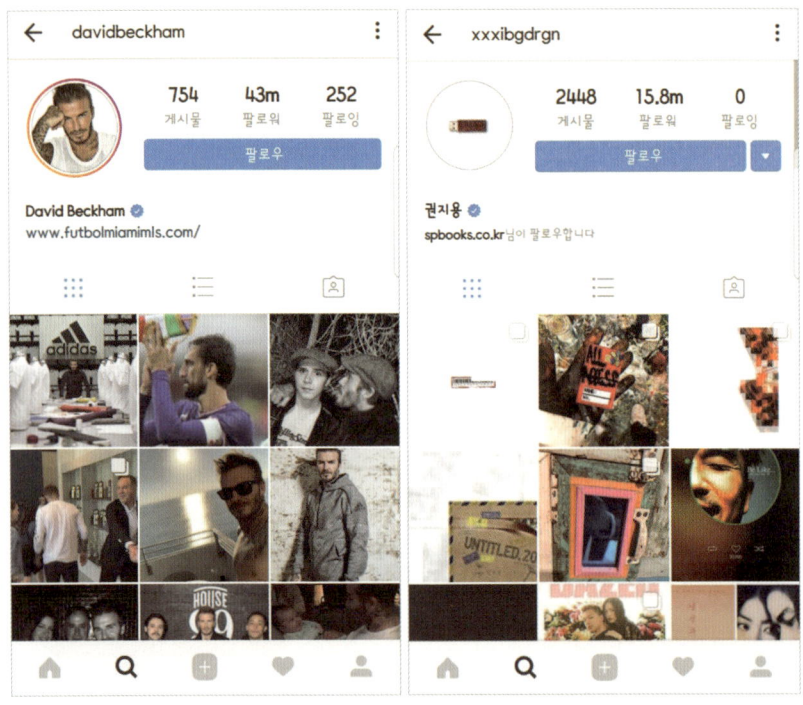

데이비드 베컴의 인스타그램 계정(왼쪽)과 지드래곤의 인스타그램 계정(오른쪽)

 최초의 모바일 디바이스용
소셜 네트워크 서비스

인스타그램은 영향력 있는 소셜 네트워크 서비스 중에서 최초로 모바일 디바이스용으로 고안됐다. 페이스북과 트위터는 웹에서 탄생했으며 추후 모바일 디바이스 환경에 맞춰 변화했다. 이렇게 태생부터 모바일 디바이스용으로 개발된 인스타그램과 달리 트위터는 스마

인스타그램에서는 친구들이 공유한 사진이나 동영상에 '좋아요'를 눌러 소통할 수 있다.

트폰 앱이 출시되기까지 4년이 걸렸다. 그런 면에서 인스타그램이 모바일 디바이스의 선구자 격이라고 할 수 있다.

　인스타그램은 모바일 디바이스에서 탄생했고 본질적으로 모바일에 최적화되어 오직 하나의 작업, 즉 '사진 공유'를 목적으로 세련되게 고안됐다. 그래서 단순한 핵심 기능에 집중하는 전략이 마케팅에 유효하게 작용하고 있다.

　지난 2011년 1월에는 해시태그(hashtag) 기능을 추가해 이용자들이 사진이나 친구를 손쉽게 찾을 수 있도록 했다. 그리고 2012년 4월 페이스북에 10억 달러에 인수됐으며 인수 후에도 독립적으로 운영되고 있다.

　약관에 따라 만 14세 이상은 누구나 무료로 사용할 수 있으며 페이스북 계정 또는 이메일을 이용해 가입할 수 있다. 이용자들은 자신의 인스타그램 계정에 사진이나 동영상을 업로드해 이를 팔로워(follower)나 친구들과 공유한다. 또한 다른 친구들이 공유한 게시물을 보고 댓글을 남기며 '좋아요'를 눌러 소통할 수 있다.

　인스타그램에서는 사진에 다양한 필터(filter) 효과를 적용할 수 있는데 현재 '노멀(normal)', '아마로(amaro)' 등을 포함한 25개 이상의 필터를 자체적으로 제공하고 있다. 이용자는 기호에 따라 필터를 통해 사진을 꾸밀 수 있고, 세부적인 설정으로 자신만의 필터를 활용할 수도 있다.

사람들은 왜 인스타그램에 열광할까?

다른 소셜 네트워크 서비스와 비교했을 때 인스타그램은 확실한 3가지 장점을 가지고 있다. 첫째, 인스타그램은 모바일 디바이스인 스마트폰에서 완벽하게 작동된다. 유일하게 따로 PC버전 없이도 거대한 규모로 성장했으며, 모바일에서 탄생했기 때문에 모바일 환경에 최적화되어 있다. 둘째, 콘텐츠의 유통기한이 페이스북이나 트위터에 비해 길다. 해시태그 분류 시스템을 사용해 이미지를 업로드하면 팔로워들이 아주 오랜 기간 동안 쉽게 열람할 수 있다. 셋째, 가볍고 실용적인 소셜미디어다. 대화에 기반을 두고 있지 않기 때문에 페이스북이나 트위터처럼 대화 중심 플랫폼에 비해 유지 및 관리가 훨씬 수월하고, 인스타그램을 이용한 모바일 마케팅에도 누구나 쉽게 입문할 수 있다.

지난 7년간 인스타그램은 8억 명 이상의 활동적인 이용자들을 확보했으며 가장 최근에 가입한 이용자들의 숫자는 1억 명에 달한다. 이러한 통계가 사업자들에게 주는 의미는 무엇일까? 잠재고객들이 인스타그램을 사용하고 있을 확률이 높다는 뜻이다. 다시 말해 인스타그램을 이용하면 매일 무료로 고객에게 접근할 수 있다. 인스타그램에 자주 접속할수록 더 많은 고객들의 눈이 당신의 비즈니스를 보게 될 것이고, 결국에는 더 많은 돈이 은행계좌로 들어오게 될 것이다. 그러니 지금이라도 당장 인스타그램을 시작하라.

 인스타그램에 대한 오해와 마케팅 파워

다음은 인스타그램에 대한 잘못된 몇 가지 오해들이다. 만약 아래 내용 중 당신이 믿고 있는 게 있다면 좀 더 눈을 활짝 뜨라고 이야기해주고 싶다.

- 인스타그램은 청소년과 20대를 위한 것이다.
- 인스타그램은 동기부여를 해주는 '오늘의 명언' 등을 공유하는 곳이다.
- 인스타그램은 블로그나 신문 기사의 링크를 올리는 곳이다.
- 인스타그램은 쇼핑몰의 매출을 올려주는 곳이다.
- 인스타그램은 쉽지 않다.

인스타그램은 청소년과 20대뿐만 아니라 중장년층도 애용하는 소통의 창구다.

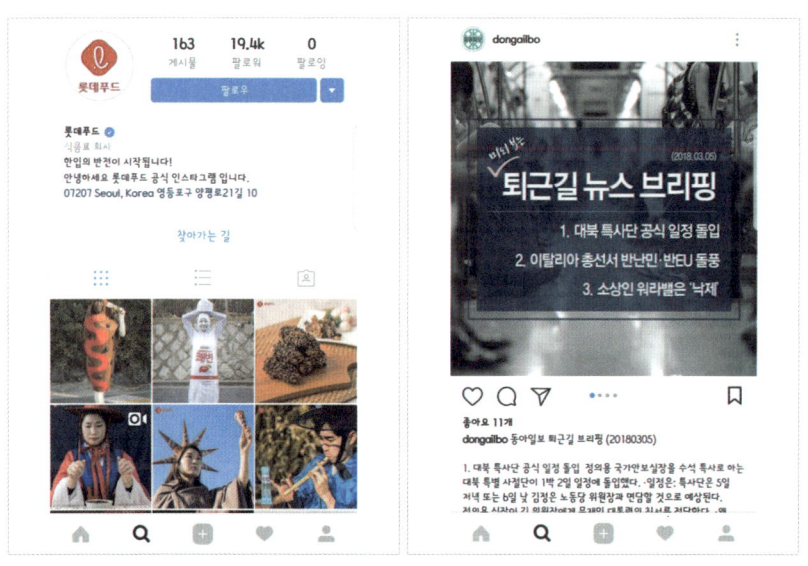

블로그나 홈페이지 링크 없이 콘텐츠만을 소개하는 롯데푸드 계정(왼쪽)과 동아일보의 포스팅(오른쪽)

왜 사람들은 인스타그램에 열광하는 걸까? 인스타그램이 이렇게 빠르게 인기 있는 플랫폼이 된 3가지 특징을 알아보자.

1. 직관적인 단순함

첫째로 아주 심플하다. 인스타그램은 덜 시끄럽다. 왜냐하면 인스타그램은 다른 소셜미디어와 달리 광고로 덕지덕지한 사이드바가 없기 때문이다. 광고창도 뜨지 않는다. 그리고 가장 중요한 것은 인스타그램 밖으로 나가게 하는 링크가 하나의 계정당 하나밖에 없다는 것이다. 사실 인스타그램에서 홍보되는 광고들은 바로 뉴스피드로 포함되기 때문에 이용자는 광고로 인해서 눈살을 찌푸릴 필요가 없다. 그리고 관심사를 찾기 위해 사이트에서 사이트로 인터넷 전체를 뒤질 필요도 없다. 그냥 인스타그램에 머물러 있으면 된다.

인스타그램 이용자는 하루 평균 30분을 인스타그램에 소비한다(2016년 기준). 당신의 상품과 서비스, 콘텐츠가 매일매일 잠재고객들에게 전달된다고 생각해보자. 그렇다. 인스타그램은 이렇게 마케팅 파워가 뛰어나다. 단순함이 주는 매력을 십분 활용하고 있는 SNS가 바로 인스타그램이다.

2. 뛰어난 비주얼

사람들은 시각적인 콘텐츠를 좋아한다. 그리고 인스타그램은 마치 연대순으로 당신의 사진을 영원토록 간직할 수 있는 스크랩북과 같다. 빠르게 돌아가는 세상에서 사람들은 무언가를 알아내기 위해 글을 읽기보다는 이미지를 보는 데 더 많은 시간을 쓰게 된다. 인스타그램을 잘하는 계정들은 창의적이고, 시각적으로 우리의 눈을 사로잡으며, 늘 즐거운 볼거리를 제공한다. 좋아하는 사람들과 좋아하는 브랜드의 콘텐츠만 담겨 있는 잡지를 넘겨 본다고 생각해보자. 관심 없는 분야의 잡지보다 흡입력이 뛰어날 것이다. 단순하고 시각적인 콘텐츠를 좋아하는 사회다. 인스타그램은 수백 장의 이미지를 손가락으로 쉽게 스크롤해 볼 수 있어서 다른 플랫폼보다 빠르게 인기를 얻게 됐다.

3. 모바일 친화적인 인터페이스

이용자들은 인스타그램을 그들의 손가락으로 언제든지 사용할 수 있다. 대부분의 사람들은 스마트폰을 항상 손이 닿을 수 있는 곳에 보관하며, 심지어 잘 때도 화장실에 갈 때도 가지고 간다. 모바일 친화적인 인터페이스는 이용자들이 인스타그램에 더 쉽게 빠져들게 하고, 인스타그램에 중독되게 만든다.

이런 특징들을 바탕으로 빠르게 이용자 수가 증가하고 있는 인스타그램, 그렇다면 인스타그램을 통해서 돈을 벌 수 있을까? 제품 또는 서비스 형태의 사업을 한다면 인스타그

인스타그램은 모바일 친화적이다. 손가락 하나로 수백 장의 이미지를 스크롤해서 볼 수 있다.

램 마케팅 전략으로 상표를 홍보하고 사업을 온라인에서 더 잘 보이게 해 매출로 연결할 수 있다.

 멋진 비주얼을 활용한 지속적인 포스팅과 적극적인 활동으로 고객들을 사로잡아보자. 인스타그램의 생명은 지속성과 연관성이다. 가능한 일관된 메시지를 제공해야 이용자들이 오래 머무른다. 그리고 가능한 정보를 사진 1장에 다 표현해야 하며, 목록에서 볼 때 색의 조화를 염두에 두고 포스팅을 하는 것이 좋다.

인스타그램이 가진 5가지 장점

 다음으로 인스타그램의 5가지 장점을 알아보자. 인스타그램이 가진 장점을 파악한다면 마케팅에도 십분 활용할 수 있다.

1. 비슷한 성향의 인스타그램 이용자들과 협동할 수 있다

 당신의 팔로워의 성향을 반영하는 또 다른 브랜드가 있는가? 만약 있다면 그 인스타그램 이용자들에게 연락해보고 같이 홍보하는 걸 제안해보자. 당신의 진정성 있는 인스타그램 소개를 통해 비슷한 성향의 새로운 고객들에게 브랜드를 노출할 수 있다. 다른 이용자와 함께 일할 때는 비슷한 성향의 팔로워는 얼마나 있고, 팔로워의 수는 얼마나 많은지 고려해야 한다.

2. 경품행사로 효과적인 마케팅이 가능하다

만약 당신이 몇 가지 가이드라인만 잘 지킨다면 경품행사는 인스타그램 계정을 성장시키는 데 도움이 될 것이다. 특히 경품행사는 이용자들의 참여도가 높다.

당신의 잠재고객이 받고 싶어 하는 상품을 제공해보자. 물론 상품의 양과 질도 충분히 고려해야 한다. 만약 여러분이 작은 상품을 제공한다면 당연히 적은 사람들이 참여할 것이다. 또 상품의 대가로 너무 지나친 요구를 하면 안 된다. 단순히 계정과 포스팅에 '좋아요'을 누르고, 댓글로 3명의 친구를 소환태그해 응모하게 하는 것이 가장 이상적인 경품행사라고 할 수 있다.

피자알볼로의 경품행사. 이용자들에게 간단한 인증샷을 요구하고 있다.

3. 제3자 앱을 활용할 수 있다

당신의 사진이 남들 것보다 더 두드러질수록 더 많은 사람들이 찾아보게 될 것이다. 많은 앱들이 있지만 'WordSwag', 'Phonto', 'VSCOcam', 'Flipagram', 'Videohance', 'Snapseed', 'Afterlight' 등이 평가가 좋다. 각각 사용해보고 당신에게 맞는 앱을 찾아보자. 이외에 다른 앱도 괜찮다. 앱을 정한 후에는 가급적 같은 편집스타일로 모든 사진을 작업하는 것이 좋다. 이 작업은 당신의 전체적인 포스팅을 일관성 있어 보이게 해 줄 것이다.

4. 사은품으로 고객의 이메일 목록을 만들 수 있다

자신의 팔로워를 고객으로 확보하는 방법은 사은품을 제공하며 그들의 이메일 주소를 얻는 것이다. 이렇게 이메일 목록을 만듦으로써 언제든지 고객들에게 접근할 수 있다. 이메일을 얻기 위해 제공하는 사은품

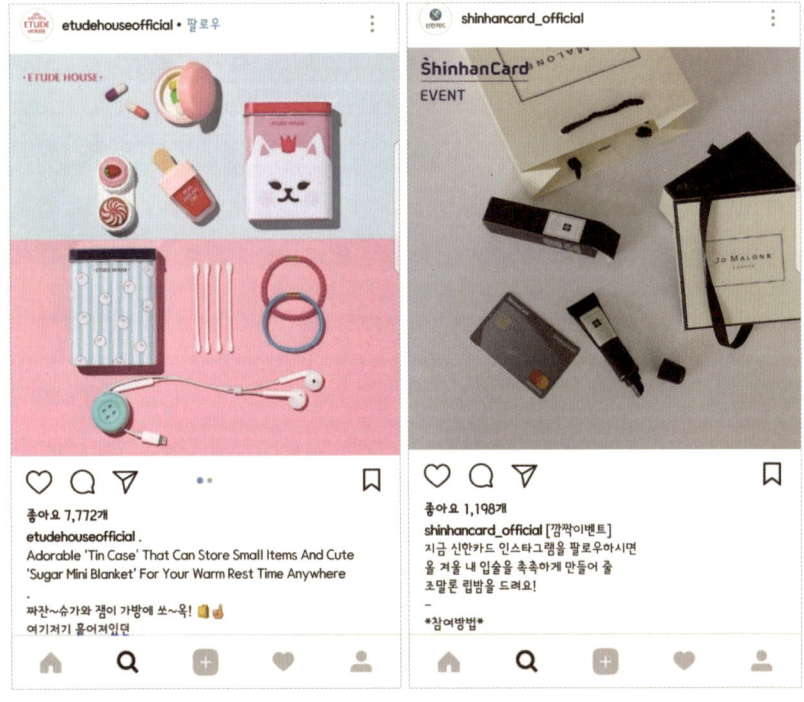

이메일을 얻기 위해 제공하는 사은품은 거창하지 않아도 된다. 소박한 경품으로 소비자들에게 큰 호응을 받은 에뛰드하우스(왼쪽)와 신한카드(오른쪽)의 이벤트 포스팅

은 거창하지 않아도 된다. 단순하지만 사람들이 갖고 싶어 하는 것이 무엇일지 고민해 효과적으로 고객의 이메일 주소를 확인해보자. 실제로 에뛰드하우스와 신한카드는 소박한 경품으로도 소비자들에게 큰 호응을 얻었다.

5. 즉석 메시지를 통해 쉽게 소통할 수 있다

흔히 디엠(DM ; Direct Message)이라 부르는 즉석 메시지는 일대일로 메시지를 주고받거나 최대 15개의 계정에 동시에 문자를 보낼 수 있는 기능이다. 이것은 당신이 팔로우하는 계정에 특별한 관심을 요할 때나 여러분의 팔로워와 소통할 때 아주 유용한 기능이다. 당신은 즉석 메시지를 통해 당신과 관련된 산업 분야의 리더들에게 접근할 수 있으며, 쿠폰이나 프로모션을 제공하거나, 심지어 간단한 감사 메시지도 보낼 수 있다. 하지만 어떠한 경우에도 이상한 요구나 스팸 형식의 메시지를 보내면 안 된다. 항상 진심이 담긴 메시지를 보내야 한다.

인스타그램 관련 사이트
- 인스타그램 고객센터 : help.instagram.com
- 인스타그램 블로그 : blog.instagram.com
- 인스타그램 페이스북 : www.facebook.com/instagramKorea

인스타그램 관련 앱
- 사진을 합칠 수 있게 도와주는 앱 : Layout from Instagram
- 사진을 정사각형으로 쉽게 편집하게 해주는 앱 : InstaSize, No Crop

- 게시된 자료를 다운로드하게 해주는 앱 : InstaSave, Insta Download
- 게시된 자료를 공유·저장·리포스팅하게 해주는 앱 : Regram, Repost for Instagram
- 팔로워 관리를 도와주는 앱 : Follower Analyzer, Unfollower for instagram, Followers Tool for instagram

알쏭달쏭 해시태그, 넌 누구니?

인스타그램의 모토는 '세상의 모든 순간을 포착해 공유한다'이다. 이것은 언제 어디서든 실시간으로 스마트폰을 들고 사진이나 동영상을 촬영해 자신의 인스타그램 계정에 올릴 수 있다는 뜻이다. 인스타그램의 장점은 사진과 동영상을 찍어 간편하게 편집한 후 메시지로 해시태그와 함께 관심사를 공유할 수 있다는 것이다.

 인스타그램의 성장속도가 빠른 이유는 다른 SNS보다 단순하고 쉽게 이미지로 소통할 수 있기 때문이다. 블로그나 페이스북은 글을 많이 써야 하지만 인스타그램은 이미지에 간단한 태그와 메시지만 전달하면 된다. 비슷한 관심사를 가진 이용자들과 '좋아요'나 댓글로 소통하기도 쉽다. 바로 해시태그 덕분이다.

해시태그의 유래와 인기 해시태그

2015년 4월 25일, 네팔의 수도 카트만두에서 참사가 발생했다. 진도 7.8의 강진이 주민들의 삶의 터전을 순식간에 무너트렸고, 공식적으로 알려진 사망자만 3,200명에 이르렀다. 전 세계의 애도 메시지가 네팔로 모였다. 그런데 과거와는 다른 누리꾼들의 애도 방식이 눈길을 끈다. 누리꾼들은 네팔 참상을 알리고 애도의 뜻을 전하는 메시지를 올리며 '#PrayForNepal(네팔을 위해 기도하자)'이란 꼬리표를 붙였다. 한 사람이 글을 올리면 누군가 똑같은 꼬리표를 단 다른 글로 글과 글이 꼬리를 물었다. 약속한 열쇳말을 통해 한마음 한뜻으로 사람들이 결집된 것이다.

해시태그는 게시물에 일종의 꼬리표를 다는 기능이다. 특정 단어나 문구 앞에 해시(#)를 붙여 연관된 정보를 한데 묶을 때 쓴다. '해시(hash)'라는 기호를 써서 게시물을 '묶는다(tag)'고 해서 '해시태그'라는 이름이 붙었다. 해시기호 뒤에 문구는 띄어서 쓰지 않는다. 띄어 쓸 경우 해시태그가 아닌 것으로 인식된다.

마케팅 관련 해시태그. 해시태그는 연관된 정보를 한데 묶을 때 쓴다.

처음에는 관련 정보를 묶는

정도의 기능이었지만 지금은 검색 등 다른 용도에도 쓰이고 있다. 예컨대 인스타그램이나 페이스북, 트위터 같은 SNS에 게시물을 올리고 해시태그를 달면 그 해시태그로 다른 이용자도 해당 게시물과 같은 해시태그를 단 게시물을 함께 찾아볼 수 있다.

이렇듯 해시태그는 샤프 기호(#)와 특정 단어 혹은 단어들을 붙여 쓴 것으로, 소셜미디어에서 특정 핵심어를 편리하게 검색할 수 있도록 하는 메타데이터의 한 형태다. 인스타그램에서는 하나의 게시물에 30개 이상의 해시태그를 사용할 수 없으며 사용하기 적절한 개수는 8~12개 정도다.

인스타그램은 먹스타그램, 맛스타그램, 얼스타그램, 셀스타그램, 몸스타그램, 옷스타그램, 펫스타그램 등 다양한 별명으로 불리고 있다. 예를 하나 들자면 먹스타그램의 형태인 인스타그램을 운영할 때는 지역명과 음식점 이름, 대표 메뉴 등을 해시태그로 넣어야 검색이 쉬워 팔로워들을 늘릴 수 있다.

외국의 해시태그 통계를 살펴볼 수 있는 2개의 사이트(top-hashtags.com/instagram, www.hashtagig.com/top-hashtags-on-instagram.php)가 있다. 이곳에서 외국의 해시태그 랭킹을 알아볼 수 있다. 또 외국의 해시태그를 일목요연하게 정리한 사이트(tagsforlikes.com)도 있다. 그렇다면 한국의 해시태그는 어떤 단어들이 주로 사용되고 있을까? 한국의 해시태그 통계를 살펴보자.

한국 인기 해시태그 모음 정리(2016년 12월 4일 기준)

분류	해시태그	게시물 수
일상	일상	53,552,021개
	맞팔	35,747,569개
	데일리	33,486,149개
	소통	32,081,484개
	선팔	22,333,101개
	좋아요	15,911,980개
	팔로우	15,345,916개
	인스타그램	11,272,153개
	인친	9,490,348개
	일상스타그램	4,773,425개
	행복	3,420,511개
	댓글	3,243,644개
	맞팔해요	1,792,760개
	새벽	1,464,653개
	선팔환영	1,255,673개
	굿모닝	836,942개
	심쿵	583,753개
	팔로우미	543,339개
	행복해	535,287개
	행복스타그램	163,189개
	웃스타그램	29,078개

분류	해시태그	게시물 수
취미	그림	2,024,607개
	드로잉	995,663개
	손그림	408,686개
	스케치	397,185개
	그림스타그램	384,641개
	캐릭터	287,245개
	일러스트레이션	201,331개
	일러스트레이터	94,329개
	데일리드로잉	28,214개
	음악	1,054,941개
	노래	888,560개
	기타	166,868개
	음악스타그램	155,103개
	노래스타그램	125,907개
	음스타그램	951,142개
	송스타그램	146,268개
	피아노	240,383개
가족	애스타그램	6,223,554개
	육아	6,140,806개
	딸스타그램	4,608,448개
	인스타베이비	3,548,692개
	육아소통	2,445,806개
	베이비스디그램	1,603,912개

분류	해시태그	게시물 수
가족	아기	1,422,524개
	베이비	1,120,946개
	줌스타그램	1,054,761개
	베이비그램	710,276개
	새댁	484,874개
	딸맘	202,963개
	유아스타그램	18,148개
셀카	셀스타그램	33,009,192개
	셀카	27,989,086개
	얼스타그램	18,848,008개
	셀피	17,082,240개
	셀기꾼	3,348,768개
	훈남	679,318개
	훈녀	450,115개
	셀피그램	400,349개
	셀	341,365개
	스마일	321,756개
	존예	198,761개
	셀피족	46,137개
	셀스	43,466개
패션	데일리룩	13,654,990개
	패션	6,225,968개
	옷스타그램	5,679,974개

분류	해시태그	게시물 수
패션	옷	1,221,913개
	패션스타그램	1,189,754개
	신발	803,510개
	데일리패션	365,936개
	구두	315,054개
	인스타패션	294,500개
	양말	167,908개
	일상룩	108,843개
	스타일그램	84,547개
뷰티	비키니	783,505개
	다이어트	4,566,523개
	네일아트	1,693,035개
	뷰티	870,920개
	립스틱	257,679개
	입술	169,464개
	미녀	112,664개
	뷰티그램	91,351개
	뷰티인사이드	86,101개
	뷰티템	25,166개
운동	운동	3,423,858개
	헬스타그램	1,275,066개
	헬스	1,164,875개
	디이이디	1,043,593개

분류	해시태그	게시물 수
운동	다이어트식단	815,742개
	운스타그램	545,677개
	피트니스	326,749개
	복근	232,144개
	운동녀	123,867개
	운동남	25,262개
학생	공부	664,643개
	학생	409,314개
	시험	374,042개
	교복	299,472개
	공부스타그램	167,306개
	공스타	160,829개
여가	주말	6,638,913개
	토요일	2,180,554개
	일요일	2,297,172개
	쉬는날	223,030개
	주말스타그램	248,002개
음식	먹스타그램	36,718,170개
	먹방	10,777,308개
	음식	1,145,686개
	맛스타	876,492개
	맛점	743,420개
	먹방스타그램	568,774개

분류	해시태그	게시물 수
음식	배불러	470,854개
	맛저	360,114개
	맛집탐방	266,147개
	먹거리	105,298개
사랑	럽스타그램	10,302,846개
	데이트	4,101,126개
	커플	2,595,347개
	사랑	2,415,928개
	커플스타그램	600,515개
	사랑스타그램	80,858개
	러브러브	41,552개
동물(개)	멍스타그램	6,465,695개
	강아지	4,104,161개
	반려견	3,976,482개
	견스타그램	1,631,973개
	개	879,695개
	멍멍이	820,839개
	강아지스타그램	346,636개
	애완견	417,158개
	반려견스타그램	210,601개
동물(고양이)	고양이	5,349,601개
	냥스타그램	3,566,885개
	갯스타그램	2,173,238개

분류	해시태그	게시물 수
동물(고양이)	반려묘	939,472개
	냥이	636,018개
	고양이스타그램	415,211개
	집사	288,852개
	냥	271,726개
	고양이집사	86,245개
직장인	퇴근	1,689,451개
	피곤	1,112,156개
	직장인	757,798개
	일스타그램	667,104개
	일	431,152개
	스트레스	404,581개
	월요병	326,410개
	직딩	276,335개
	직장인스타그램	185,423개
지역	부산	10,081,216개
	대구	6,841,786개
	서울	5,645,901개
	제주도	4,133,370개
	광주	3,914,710개
	대전	3,197,124개
	제주	2,899,018개
	인천	2,580,422개

분류	해시태그	게시물 수
지역	울산	2,363,003개
	세종	108,916개

한국 인기 해시태그 개수 정리(2016년 12월 4일 기준)

분류	해시태그	해시태그 수
패션	#옷스타그램 #옷 #데일리룩 #일상룩 #패션 #패션스타그램 #인스타패션 #스타일그램 #신발 #데일리패션 #구두 #양말	12개
셀카	#셀스타그램 #셀카 #얼스타그램 #셀피 #셀기꾼 #훈남 #훈녀 #셀피그램 #셀 #존예 #셀피족 #셀스 #스마일	13개
뷰티	#뷰티 #뷰티인사이드 #뷰티템 #뷰티그램 #립스틱 #입술 #네일아트	7개
학생	#공스타 #공부 #공부스타그램 #시험 #학생 #교복	6개
여가	#주말 #토요일 #일요일 #쉬는날 #주말스타그램	5개
음식	#먹스타그램 #먹방 #음식 #맛스타 #맛점 #먹방스타그램 #배불러 #맛저 #맛집탐방 #먹거리	10개
사랑	#커플 #럽스타그램 #데이트 #커플스타그램 #커플 #사랑스타그램 #사랑 #러브러브	8개
직장인	#일 #월요병 #일스타그램 #피곤 #퇴근 #스트레스 #직장인 #직딩 #직장인스타그램	9개
동물(개)	#멍스타그램 #강아지 #반려견 #견스타그램 #개 #멍멍이 #강아지스타그램 #애완견 #반려견스타그램	9개
동물(고양이)	#고양이 #냥스타그램 #캣스타그램 #반려묘 #냥이 #고양이스타그램 #집사 #냥 #고양이집사	9개
운동	#운동 #헬스타그램 #헬스 #다이어터 #다이어트식단 #운스타그램 #피트니스 #복근 #운동녀 #운동남	10개

 ## 해시태그를 사용해야 하는 이유

해시태그를 사용해야 하는 이유는 무엇일까? 첫째, 해시태그를 잘 활용하면 더욱 더 많은 사람들이 당신의 사진을 보게 되고 팔로워가 늘어난다. 충실한 팔로워들은 향후 고객이 될 잠재력이 있다. 둘째, 해시태그는 당신과 비슷한 관심사를 가지고 있는 사람들을 찾아준다. 단순히 관련 있는 해시태그를 포스팅함으로써 새로운 잠재고객들을 발견할 수 있고, 이들과 지속적으로 소통하며 팔로워도 늘릴 수 있다. 셋째, 해시태그는 당신이 하고 있는 산업에서 일하는 사람들을 찾아준다. 해시태그를 통해 경쟁사가 무엇을 하고 있는지 볼 수 있고 여기에서 영감이나 새로운 아이디어를 얻을 수 있다.

포스팅한 사진은 한 특정한 해시태그의 피드 안에서 모아볼 수 있다. 당신을 모르는 낯선 사람이 우연히 어떤 해시태그를 검색함으로써 이미 인스타그램 안에 정리되어 있는 다른 피드들을 한눈에 빠르게 확인할 수 있다는 의미

소비자들이 흔히 사용하는 해시태그 중 하나인 '#예쁜카페'의 검색 결과다. 다양한 사진들이 하나의 해시태그로 묶여 있다.

다. 피드를 훑는 불특정의 낯선 사람들은 자신들의 취향에 따라 좋아하는 사진을 클릭한다. 만약 자신들의 눈을 사로잡는 무언가를 보지 못한다면 계속해서 스크롤하거나 인스타그램을 종료한다. 따라서 고객의 눈을 사로잡는 포스팅을 하는 것은 매우 중요하다.

인스타그램 마케팅의 목표는 해시태그를 통해 당신의 파트너가 되거나 같이 사업하기를 원하는 사람들을 모을 수 있는 콘텐츠를 공유하고 포스팅하는 것이다. 그렇기 때문에 구체적인 타깃 해시태그를 꼭 만들어야 한다. 당연히 사진도 눈에 띄어야 한다.

하지만 해시태그들은 여전히 방대하다. 잠재고객들을 위한 독특한 해시태그를 생각해봐야 한다. '고객들은 무엇을 좋아할까?'라고 수없이 자문해봐야 한다. 그리고 스스로 대답해보자. 인스타그램 안에서 해답을 찾는 연습을 게을리하지 않으면 당신은 어느덧 영향력 있는 멋진 인스타그램 계정을 갖게 될 것이다.

해시태그가 포스팅한 사진을 분명하게 묘사하지 않더라도 타깃한 파트너들이 찾고 있거나 사용 중인 해시태그를 사용하는 것도 좋은 방법이다. 해시태그는 타깃 파트너들을 고려해 의미가 모호한 것은 바꿔야 한다. 만약 해시태그가 비즈니스에 적합하지 않다고 느껴진다면 즉시 버리고 새로운 해시태그를 사용해보자.

사진을 공유할 때는 해시태그를 즉시 삽입해야 한다. 인스타그램은 사진이 처음 업로드된 시간을 바탕으로 각각의 해시태그 피드를 순차적으로 정렬한다. 그러니 포스팅이 맨 위로 올라가게 하고 싶다면 해시태그를 바로 삽입하기 바란다. 자주 사용하는 해시태그가 있다면 스마트폰 메모 기능으로 해시태그 목록을 만들어서 사용하는 방법을 추천한다. 하나하나 타이핑하는 시간도 줄이고 복사 및 붙여넣기로 유용한 해시태그들을 그때그때 적절하게 사용할 수 있을 것이다.

업종별로 살펴보는 해시태그 활용 팁

그렇다면 해시태그는 어떻게 달아야 할까? 사람들이 좋아하는 인기 있는 책, 이야기, 또는 기사들과 관련된 해시태그를 달아보자. 또 제공하는 서비스나 제품에 좀 더 구체적인 키워드를 사용해보자. 예를 들어 만약 아기신발을 판매한다면 '#아기신발', '#아기발가락', '#아기발' 등을 사용할 수 있다. 베이커리를 운영한다면 집에서 간단하게 빵을 만드는 레시피나 즉석에서 구운 빵 등을 제공하는 이벤트 등을 생각해볼 수도 있다. 또한 가게 주위 마을까지 포함하는 해시태그를 사용하자. 사람들은 맛있는 케이크를 사기 위해 자신의 일상범위에서 벗어나기도 한다. 그러므로 가게가 있는 지역에만 국한시키지 말자. '군포 고재영 빵집'의 경우 '#군포빵집', '#산본베이커리' 또는 '#금정빵집' 같은 해시태그를 사용해 성공적인 마케팅을 했다고 한다.

만약 틈새시장을 노리고 싶다면 거기에 맞는 구체적인 해시태그를 사용해보자. 레스토랑 관련 사업을 한다면 '#레스토랑브랜딩', '#레스토랑로고', '#메뉴디자인', '#레스토랑홍보'와 같은 구체적인 해시태그를 사용하는 것이 좋다. 만약 특정 지역에서 강아지나 강아지 주인에 대한 서비스를 제공하는 일을 한다면 주변 지역 위치를 해시태그로 결합해보자.

부천에서 강아지 미용실을 한다면 '#부천애견미용실', '#부천애견미용'이나 '#부천애견', '#부천애견카페', '#부천강아지미용' 등의 해시태그를 사용할 수 있을 것이다.

또 당신의 팔로워가 무엇을 포스팅하는지 살펴보고 그들이 사용하는 해시태그를 벤치마킹해보자. 예를 들어 30대 여성을 타깃으로 한다면 '#브런치카페', '#주말여행', '#피부마사지', '#다이어트'와 같은 해시태그를 사용해보라. 피트니스 방법에 관련된 전문적인 일을 한다면 그 카테고리 주위

'#부천애견미용' 처럼 구체적인 해시태그를 사용하는 것이 좋다.

의 키워드를 사용할 수도 있다. '#크로스핏', '#필라테스', '#요가'와 같은 해시태그가 대표적이다. 만약 특정한 고객과 함께 일하는 것을 전문적으로 한다면 '#소상공인컨설팅', '#개인회생', '#협동조합컨설팅', '#한의원마케팅'과 같은 구체적인 해시태그를 사용해도 좋다.

식당이라면 특정 위치 해시태그가 가장 중요하다. 항상 근처 지역뿐만 아니라 도시나 마을까지 태그하자. 관광명소, 영화관, 쇼핑몰 등 당신의 잠재적인 고객이 이미 태그했을 만한 지역의 유명한 랜드마크를 해시태

'#웨딩사진작가'를 검색한 결과(왼쪽)와 한 웨딩사진 작가가 올린 사진(오른쪽)이다. 웨딩사진과 관련된 다양한 해시태그가 눈에 들어온다.

그로 사용할 수도 있다. 예를 들면 경주 안강의 외바우 한우한돈점의 경우 유명 관광지인 양동마을과 조금 떨어져 있음에도 불구하고 '#양동마을맛집', '#양동마을근처식당', '#양동마을한우전문점'이라는 해시태그를 사용해 양동마을에 방문한 관광객들까지 고객으로 유입하고자 노력하고 있다.

사진촬영을 전문으로 하는 일을 한다면 사진촬영 타입에 관련된 해시태그를 사용하자. '#가족사진촬영', '#웨딩촬영', '#프로필사진', '#웨딩사진작가' 등이다. 위치 해시태그 역시 중요하다는 것을 기억하자. 예를 들어 당신이 결혼식 사진사라고 하면 결혼식장이나 웨딩촬영을 위한 인기 있는 공원 같은 곳의 위치 해시태그를 사용하면 좋다.

그뿐만 아니라 서비스를 제공하는 지역을 대표하는 유명한 지역 해시태그를 사용하는 방법도 있다. 만약 분당에서 부동산을 한다면 '#분당부동산', '#분당상가분양', '#분당아파트시세'와 같은 해시태그를 사용해보자. 지역 해시태그를 넣는 것은 포스팅한 콘텐츠를 지역주민이 볼 수 있도록 하는 데 도움이 된다.

특정 분야의 소규모 회사나 B2B, 또는 어느 특정한 큰 회사와 관련된 일을 한다면 그 회사의 타입과 관련 있는 해시태그를 사용해보자. 그들이 이미 검색했을 만한 키워드를 생각해보는 것이다. 예를 들어 '#인스타그램마케팅', '#페이스북마케팅', '#블로그마케팅', '#유튜브마케팅' 같은 해시태그들이 있다.

특정한 여행지에 관련된 일을 계획하고 있다면 그 지역에 맞는 해시태그를 사용해보자. 예를 들어 말레이시아 코타키나발루 지역 여행 사업을 한다면 '#코타키나발루여행', '#코타키나발루항공권', '#코타키나발루민박', '#코타키나발루맛집'과 같은 해시태그를 사용해보자.

인스타그램으로 시작하는 바이럴 마케팅

단순히 채널을 하나 더 늘려 '원소스 멀티유스(OSMU ; One Source Multi Use)' 하는 것이 아닌 인스타그램만의 독특한 이미지와 전략을 인지해야 한다. 인스타그램만의 특성을 무시하고 여타 SNS처럼 기업 계정을 운영해서는 낭패를 보기 십상이다. 기업용 인스타그램 계정을 만들기 전에 다른 기업들은 어떻게 운영하는지 먼저 알아보도록 하자. 특히 경쟁사의 인스타그램 계정을 세밀하게 살펴보는 것을 권장한다.

그런데 인스타그램의 경우 기업뿐 아니라 뛰어난 역량을 가진 개인 계정도 참조하는 것이 필요하다. 1인 미디어 시대에 인스타그램이 확고히 자리를 차지하고 있기 때문이다. 인스타그램을 잘 활용하는 개인은 수많은 팔로워를 몰고 다니며 홍보 및 마케팅의 일선에 서 있다. 이들이 포스팅을 하면 많은 사람들이 공감을 하고 반응을 한다. 어떤 사진을 올리는

지, 어떤 방법으로 팔로워들의 반응을 이끌어내는지 벤치마킹해 기업용 계정에 응용할 수 있다. 그리고 적극적으로 이런 인스타그래머들에게 기업의 홍보를 부탁하는 것도 뛰어난 전략 중 하나다.

패션·뷰티 등과 관련된 기업이라면 반드시 인스타그램 공식 계정을 운영하는 것이 바람직하다. SNS 활동이 활발한 젊은 층들과 공감을 형성하는 데 인스타그램처럼 좋은 도구는 없다. 특히 트렌드에 민감한 20~30대에게 친근한 이미지의 브랜드를 각인시키면, 이들은 스스로 타인들에게 브랜드를 재전파하는 역할을 마다하지 않는다. 자신이 좋아하게 되면 알아서 홍보를 하는 속성을 가지고 있는 것이다. 이들을 팬으로 확보해 다양한 콘텐츠를 만들어 보급하는 것은 매우 요긴하고 효과적인 방법이다.

사진 한 장으로 고객의 마음을 훔치다

인스타그램은 페이스북과 달리 다시 노출되는 기능이 없기 때문에 인스타그램에서 이벤트를 진행할 때는 페이스북과 연동하는 것이 효과적이다. 인스타그램에서 제공하는 페이스북이나 트위터 등에 연동하는 기능을 십분 활용해 더 많은 사람들이 이벤트에 관심을 가지도록 유도해보자.

공식 인스타그램 계정 오픈 기념 이벤트는 젊은 층의 마음을 사로잡기 위해 가장 보편적으로 사용되는 방법이다. 공식 인스타그램 계정을 팔로우한 다음 마음에 드는 자사의 제품 이미지를 저장해서 해시태그와 함께

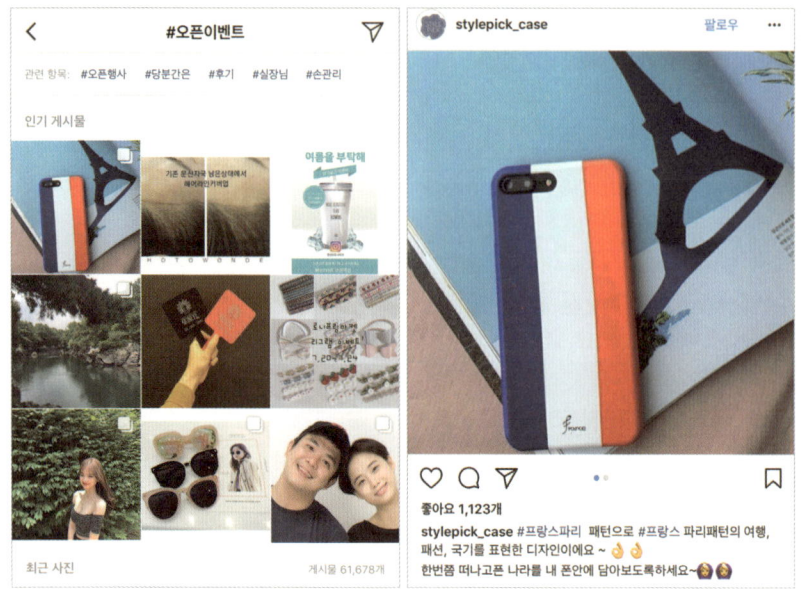

인스타그램에서 '#오픈이벤트'를 검색한 결과(왼쪽)와 인기 게시물 중 좌측 상단 첫번째 포스팅(오른쪽)

개인 계정에 올리면 추첨을 통해 선물을 증정하는 등의 이벤트다. 특히 친구를 소환해 이벤트를 릴레이 형식으로 이어나가게 하면 당첨 확률이 높아진다고 홍보해보자. 이벤트가 들불처럼 확산되어 많은 이들이 앞다투어 포스팅을 하는 현상을 보게 될 것이다.

인스타그램으로 들어가 돋보기 모양을 클릭한 후 '#오픈이벤트'라고 검색해보면 약 6만 1,678개의 포스팅이 나온다. 검색된 다양한 포스팅을 보며 기업용 공식 계정에 활용하기 위한 아이디어를 모아보자.

해시태그를 통해 검색하면 상단에 9개(가로 3개, 세로 3개)의 이미지가 나타난다. 이 이미지들이 가장 최근 인기를 얻고 있는 포스팅이다. 그중 왼쪽 상단의 눈에 띄는 포스팅을 클릭해보자. 상세한 설명을 읽어보면 '스

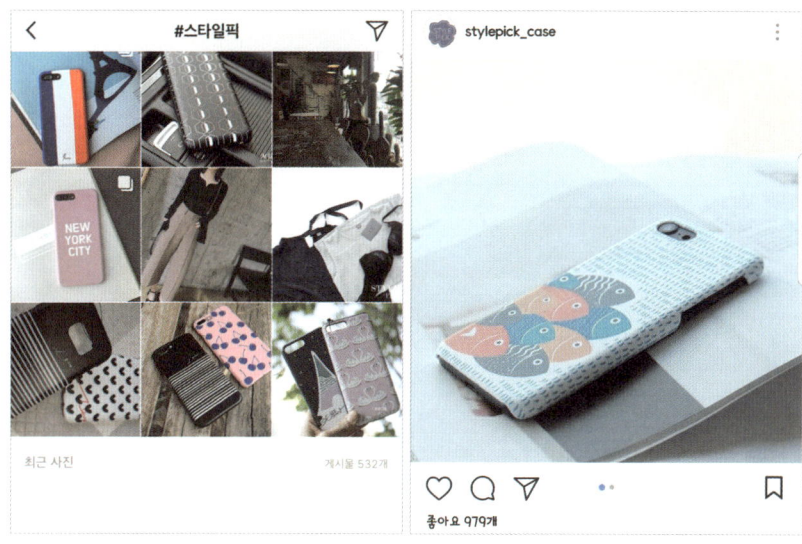

사진 1장을 통해 유입된 팔로워들은 해당 브랜드에 고객이 될 확률이 높아진다. '#스타일픽'의 검색 결과(왼쪽)와 포스팅(오른쪽)

타일픽'에서 진행하는 오픈이벤트를 확인할 수 있다. 당연히 고객들은 무심결에 스타일픽에 관심을 가지게 된다. 이렇게 기업용 인스타그램은 자사의 공식 계정으로 사람들이 유입되도록 치밀한 전략을 짜고 포스팅할 필요가 있다.

인스타그램은 결국 사진 1장의 유혹이다. 치밀하게 기획된 인스타그램 이벤트를 통해 더 많은 사람들에게 나의 글이 전달되도록 해보자. 인스타그램을 통해 기업의 제품과 서비스를 널리 홍보하는 것은 이미 하나의 흐름으로 인식되고 있다. 아직도 공식 블로그만을 운영하고 있다면 이제 과감하게 인스타그램의 세계로 입문해보도록 하자.

전 세계 모바일 마케팅 트렌드 분석

2018년은 모바일 혁명의 원년이 될 것으로 보인다. 전 세계에서 동시에 진행되는 디지털 마케팅의 중심에 모바일 마케팅이 자리매김하게 될 것이다. 대한민국의 경우에도 다른 홍보 수단보다 모바일 홍보 마케팅의 성장세가 단연 독보적이다.

그렇다면 모바일 마케팅에 활용되는 기술은 무엇이 주를 이룰까? 많은 전문가들은 모바일용 콘텐츠의 다양화와 빅데이터의 활용을 꼽고 있다. 빅데이터 분석으로 고객들이 더 많이 반응하는 유형을 찾아내고, 짧은 동영상과 임팩트 있는 사진 1장 등을 효과적으로 사용하는 기술이 요구되고 있는 것이다. 이제는 고객이 무엇을 원하는지 미리 예측해 발 빠르게 대응하는 지혜가 필요하다.

인스타그램 월간 활성 이용자 수 변화

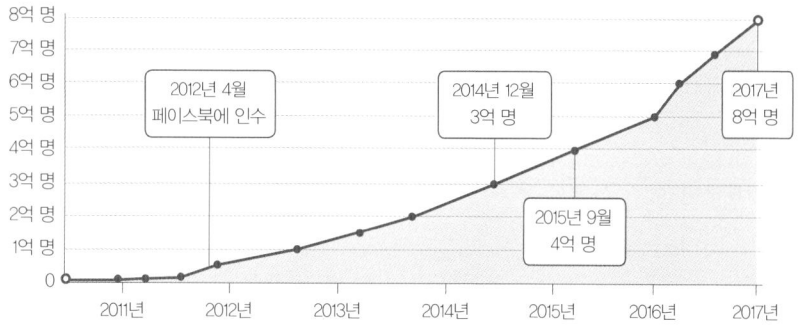

위의 표는 전 세계 인스타그램 이용자의 증가를 보여주고 있다. 가파른 상승을 이어가는 인스타그램은 간단명료한 표현 양식 덕분에 많은 사람들에게 폭넓게 받아들여지고 있다. 왓츠앱, 스냅챗과 같은 '모바일 전용 소셜미디어 및 메시지 플랫폼(mobile-only social media and messaging platforms)'은 2018년에도 가파르게 성장할 것으로 예견된다. 그중에서도 전 세계에 걸쳐 고른 성장세를 이어가는 인스타그램은 단연 독보적인 존재로 인식되며 다양한 형태의 마케팅 축으로 자리매김했다. 이제 바야흐로 PC를 벗어난 모바일 전용의 다양한 앱들이 고객들을 찾아가는 원년이 될 것이다.

또 하나의 예측은 위치기반의 마케팅이 점차 활성화될 것이란 점이다. 인스타그램의 경우도 예외는 아닌데 사진이나 동영상을 포스팅할 때 위치를 포함시키는 것은 아주 자연스러운 일로 받아들여질 것이며, 이는 점포의 위치를 알리고 싶은 점주들에게도 희소식이다. 위치를 추가하게 되면 자연스럽게 지역 기반의 마케팅을 효율적으로 전개해나갈 수 있을 것이다.

'사람 태그하기'는 페이스북에 널리 사용되던 소환기능(@)과 같은데, 이를 통해 더 많은 인스타그래머들에게 포스팅을 알리는 효과를 거둘 수 있다. 이렇게 인스타그램이 모바일 마케팅의 중심에 서면서 새로운 현상들이 생겨나고 있다. 과거의 파워블로거처럼 파워인스타그래머의 등장이 2018년의 핵심 키워드 중 하나가 될 것이다.

또 하나의 흐름은 '모바일 팝업(mobile popups)'의 쇠퇴가 예상된다는 것이다. 모바일 팝업 광고는 이용자들을 짜증나게 하며 팝업이 뜨는 순간 화면을 지우고 다른 곳으로 이동하게 만든다. 이제 이용자들을 더 오래 머무르게 하는 것이 무엇인지 고민해야 할 때다. 인스타그램 역시 간결하면서도 팝업이 없기 때문에 많은 사랑을 받고 있다는 점을 명심하자.

스마트폰으로 간단하게 만드는 동영상은 2018년에도 지속적으로 성장할 것으로 보인다. 특히 생방송(live video)의 보급은 가파른 상승곡선을 이어갈 것이다. 동영상은 눈에 보이는 형식보다 유머가 담긴 재미있는 내용으로 만드는 것이 더 사랑을 받을 것이다. 또한 심금을 울리는 감동 있는 스토리를 담은 동영상은 여러 이용자에게 공유되며 더 넓게 확산될 것으로 보인다.

소셜미디어 마케팅의 미래를 진단하다

소셜미디어 마케팅의 핵심은 페이스북과 인스타그램, 유튜브라고 할 수 있다. 이들 플랫폼들의 트렌드를 차례대로 살펴보자.

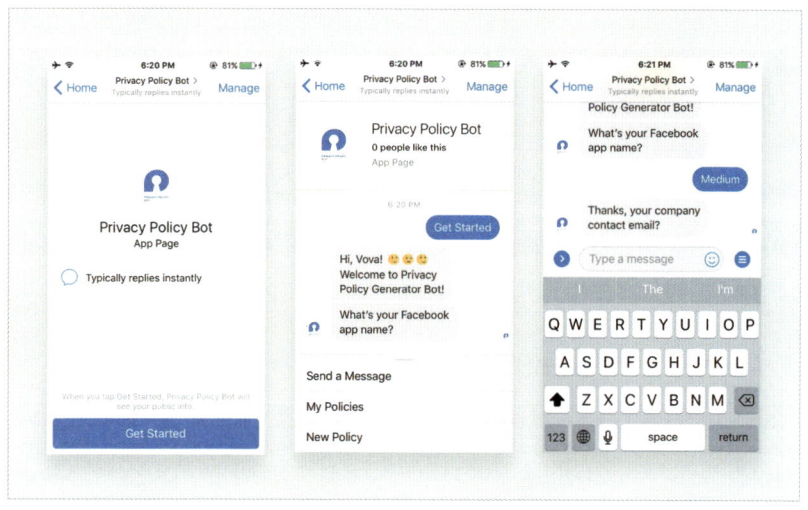

개인정보 보호 정책 관련 챗봇. 24시간 응답이 가능한 챗봇을 활용한 마케팅도 시작되고 있다.

먼저 페이스북이다. 소셜미디어 마케팅에서 플랫폼 간 우열을 따져보면 페이스북이 압도적인 선두일 것이다. 페이스북은 전 세계 사람들이 가장 많이 사용하고 있는 SNS다. 그래서 페이스북 페이지의 타깃 마케팅이 가진 위력은 상상을 초월한다. 페이스북 본사에서도 지난 2017년 12월 페이스북 그룹 커뮤니티에 아낌없는 지원을 약속했다. 페이스북 그룹을 운영하지 않고 있다면 이제부터라도 시작하는 것을 권한다. 또 페이스북 라이브를 활용해 실시간으로 방송을 진행하면 마케팅에 큰 도움이 될 것이다. 페이스북 메시지의 경우 이용자들이 점점 늘어나면서 24시간 응답이 가능한 인공지능 '챗봇'을 활용한 마케팅도 시작되고 있다.

인스타그램 마케팅은 영향력 있는 인플루언서를 활용하는 방안이 더욱 활성화될 것으로 보인다. 인플루언서(influencer)는 '영향을 주다'라는 뜻의 단어 'influence'에 '사람'을 뜻하는 접미사(er)를 붙인 것으로 '영향력을 행사하는 사람'이라는 용어다. 포털사이트에서 영향력이 큰 블로그를 운영하는 파워블로거나 수십만 명의 팔로워 수를 가진 파워인스타그래머 등을 통칭하는 말이다. 인플루언서 마케팅은 이들을 활용해 제품이나 서비스를 홍보하는 마케팅 수단으로, 고액을 지불해 유명 배우를 모델로 쓰는 것보다 상대적으로 저렴하다는 장점이 있다. 또 SNS 이용자의 급증으로 마케팅 효율도 뛰어나 새로운 방안으로 주목받고 있다.

SNS 마케팅은 이제 모든 기업이 필수로 해야 하는 홍보 수단이 됐다. 페이스북·인스타그램·유튜브와 같은 소셜 네트워크 서비스에는 기존 매체와 다른 한 가지 특징이 있는데, 그것은 바로 '영향력 있는 개인'들이 있다는 것이다.

기존의 텔레비전·라디오·신문 같은 매체는 연예인들만 등장하고 활약할 수 있는 일종의 특권이 있었다. 하지만 SNS가 발달하고 누구나 자신의 개성을 드러낼 수 있게 되면서 양땅이나 대도서관 같은 연예인 급의 인기를 누리는 개인들이 생겨났다. 인플루언서 마케팅이란 이런 파급력 있는 개인을 활용해 그들의 다양한 콘텐츠에 제품을 노출하게 하고, 그들을 따르는 많은 사람들이 거부감 없이 광고를 따르도록 유도하는 것을 말한다.

인플루언서 마케팅을 하는 방법은 직접 영향력 있는 사람들을 찾아서 만나거나 이메일 등으로 부탁하는 방법이 있다. 물론 대행사에 의뢰하는 방법도 있다. 소비자들은 다른 광고에 비해 인플루언서들의 이야기를 더 주의 깊게 듣고 친근감 있게 여기는 경향이 있으며, 특히 선망하는 대상이 추천하는 제품은 더 쉽게 따라 구매하고는 한다.

미국 '소셜미디어 마케팅 월드 컨퍼런스'에서 팬들을 몰고 다니는 파워인스타그래머 슈 지머만(가운데)

그래서 많은 기업들이 앞다퉈 인플루언서 마케팅을 진행하려 하고 있다. 일본에서는 가이아엑스(www.gaiax.co.jp)라는 유명한 인플루언서 마케팅 대행사가 있고, 한국에는 제이와이네트워크 등이 있다.

인플루언서 마케팅은 빠르고 간단하게 소비자들에게 정보를 전달한 후 효과를 측정해야 하는 만큼 전문가의 컨설팅을 통해 진행하는 것을 추천한다. 〈2018년 인플루언서 마케팅 현황 보고서〉에 따르면 마케팅 담당자의 39%가 올해 인플루언서 마케팅 예산을 더 늘릴 계획이라고 한다.

산업이 더 성숙해지면 마케팅 담당자는 가입과 구매 등 거래의 최종 행동을 이끌어내기 위해 인플루언서 마케팅을 사용하기 시작할 것이다. 피클과 소스를 판매하는 기업 메제타(Mezzetta)는 브랜드 인식을 제고하고 미국 국내 시장 점유율을 높이기 위한 노력의 일환으로 인플루언서 마케

파워인스타그래머 슈 지머만의 특강. 그녀는 대표적인 인플루언서다.

팅을 시작했다. 그 결과 메제타의 이메일 마케팅 데이터베이스를 7만 명 이상으로 키울 수 있었다.

인플루언서 마케팅으로 상품 판매를 크게 촉진할 수 있다는 것도 입증됐다. 세계 최대 이유식 브랜드 거버(Gerber)는 스낵 신상품을 출시하기 위해 '마이크로 인플루언서 마케팅'으로 눈을 돌렸다. 그 결과 미국 국내 매출이 5% 늘어났다. 인플루언서 마케팅은 앞으로도 계속 널리 활용될 전망이다. 올해부터 마케팅 담당자들은 인플루언서 마케팅을 활용한 전략적 청사진을 만들기 시작할 것이다.

마지막으로 유튜브를 살펴보자. 요즘 많은 사람들이 유튜브 영상을 통해 무엇인가를 배우고, 음악을 듣고, 영상 콘텐츠를 소비한다. 궁금한 게 있으면 유튜브에서 검색할 정도다. 그러므로 기업에서도 마케팅을 위해 회사를 홍보하는 영상만 유튜브에 올리는 것이 아니라 모든 사람들이 좋아하는 콘텐츠, 예를 들면 건강·여행·음식·애완동물 등의 스토리가 담긴 채널을 개설하는 것이 중요하다. 전체 콘텐츠 중 80%는 흥미를 유발하는 주제를 올리고 20% 정도만 회사를 홍보하는 것이 이상적인 비율이다.

주기적인 영상 포스팅을 위해 '콘텐츠 포스팅 캘린더'를 만들어 팀원들과 공유하고 미리 준비해 협업해야 한다. 전문가에게 의뢰해 상품이나 인물, 고객의 후기 등을 영상으로 제작해 올리는 것도 큰 효과가 있다. 앞으로는 텍스트 중심의 콘텐츠보다 영상 및 사진으로 구성된 스토리텔링이 가능한 소셜미디어 플랫폼의 득세가 예상된다.

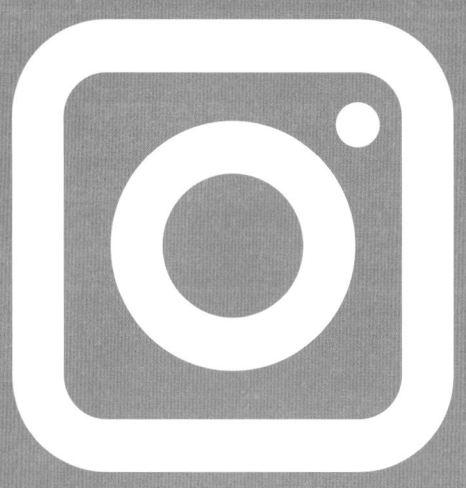

Part 2
실전 인스타그램 활용법

인스타그램은 누구나 쉽게 활용할 수 있는 글로벌한 소통의 창구다. 하지만 '어떻게' 활용하느냐에 따라 인스타그램의 마케팅 효과는 천차만별이다.

따라하면서 배우는 인스타그램

인스타그램은 출시 이후 급속도로 인기를 얻어 지난 2012년 4월에는 사용자 수가 1억 명을 돌파했으며, 2014년 12월에는 전 세계 월간 활동 사용자 수가 3억 명을 돌파했다. 총 400억 장의 사진이 게재됐고, 하루 평균 1억 장의 사진이 공유된다. 인스타그램에 달리는 '좋아요' 수만 해도 하루 평균 42억 개에 달한다. 인스타그램은 2017년을 기준으로 전 세계 8억 명 이상이 사용하는 플랫폼이며, 특히 월 활동 이용자의 경우 소셜미디어 플랫폼 중 가장 빠른 성장세를 보였다. 2013년 말부터 도입된 광고는 2015년에 들어서 본격적으로 그 역량을 키우기 시작했다. 광고 기능의 도입으로 인스타그램은 페이스북의 차세대 수익모델이 됐다.

 **인스타그램에 가입해보자**

인스타그램은 모바일에 최적화된 스마트폰 전용 앱이다. 애플의 iOS와 구글의 안드로이드 스마트폰 및 태블릿에서 다운로드 받을 수 있다. 모바일 앱에서만 사진과 동영상을 공유할 수 있는 것이 특징이다. 인스타그램은 트위터와 페이스북 같은 관계 중심의 '2세대 SNS'를 넘어 시각물과 디지털 큐레이션 중심의 '3세대 SNS'에 해당한다. 자, 그럼 인스타그램 계정을 만드는 방법부터 알아보자.

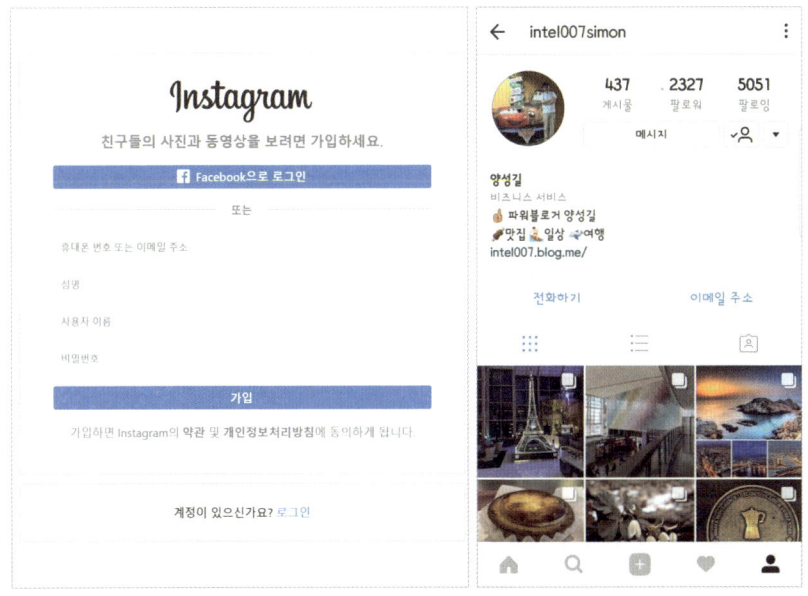

인스타그램 가입 화면(왼쪽)과 계정 화면(오른쪽). 앞으로 사용할 프로필 정보를 입력할 수 있다.

이메일 및 페이스북 계정 활용하기

스마트폰의 화면에서 '가입하기'를 누른 다음 이메일 주소를 입력하고 다음을 누른다. 'Facebook으로 로그인'을 누르면 페이스북 계정으로도 가입할 수 있다. 필자는 페이스북 계정과 연동해 가입하는 것을 권한다. 왜냐하면 인수합병으로 하나가 된 페이스북과 인스타그램은 다양하게 연동되어 앞으로도 상호 간에 시너지 효과를 낼 것으로 보이기 때문이다.

프로필 정보 입력하기

이메일로 등록할 경우 이용자 이름과 비밀번호를 만들고 프로필 정보를 입력한 다음 '완료'를 누르면 된다. 페이스북으로 등록할 경우 현재 페이스북 계정에 로그인한 상태가 아니면 로그인하라는 메시지가 표시된다. 따라서 인스타그램에 가입하기 전 먼저 페이스북 계정에 로그인해 계정을 활성화시켜 놓도록 하자.

인스타그램과 친숙해지기

다음의 용어들은 인스타그램을 시작할 때 기본적으로 알아두면 좋은 것들이다. 처음 인스타그램을 접하는 이용자에게는 생소한 개념일 수 있다. 그러면 인스타그램과 친숙하기 위해서는 어떤 기능들을 알아두면 좋은지 좀 더 세부적으로 알아보자.

인스타그램 기본 용어 해설

용어	해설
해시태그 ##	해시태그(#)와 관심사인 특정 키워드를 이용해 게시물을 올리면 특정 키워드가 포함된 게시물을 모아볼 수 있다.
소환태그 @	댓글 작성 시 '@닉네임'을 입력하면 해당 이용자를 소환해 댓글을 달 수 있고, 해당 이용자는 알림을 받는다.
팔로워 follower	나를 따르는 상대방.
팔로잉 following	내가 따르는 상대방.

① 비공개 계정 : 계정 비공개로 전환하기

처음 인스타그램을 접할 때 가장 놀라운 것 중 하나는 생전 처음 보는 사람들도 '좋아요'를 누르고 간다는 것이다. 인스타그램에서는 기본설정이 전체 공개이므로 따로 설정을 바꾸지 않으면 이용자가 올리는 모든 사진을 누구나 다 볼 수 있다. 모르는 사람이 자신이 올린 사진을 보는 것이 싫다면 인스타그램 계정을 비공개로 전환하면 된다. 이렇게 하면 기존 팔로워들에게만 내가 올리는 사진이 노출된다. 또한 새로운 사람은

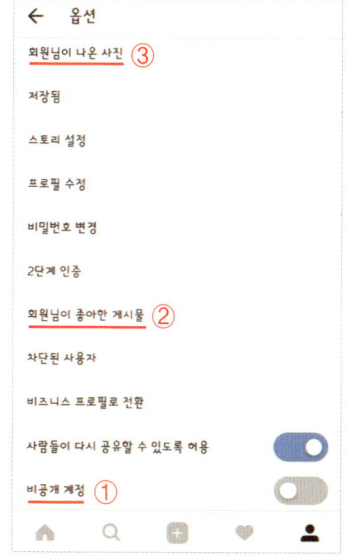

옵션 탭에서는 이용자의 편의를 고려한 다양한 기능을 제공한다.

동의를 받아야만 팔로우할 수 있게 된다. 옵션에서 계정의 비공개 여부를 선택할 수 있다.

② 회원님이 좋아한 게시물 : '좋아요' 누른 사진 모아 보기

인스타그램에서 하트를 누르는 일은 중독성이 있다. 그래서 자꾸 누르다 보면 어떤 사진에 '좋아요'를 눌렀는지 알 수가 없다. 어떤 사진에 '좋아요'를 눌렀는지 알려면 옵션에서 '회원님이 좋아한 게시물'을 선택하면 된다. 참고로 하트를 다시 누르면 '좋아요'가 취소된다. 하지만 사진을 다시 더블 탭 한다고 해서 '좋아요'가 취소되지는 않는다.

③ 회원님이 나온 사진 : 태그된 사진들 모아 보기

혹시 누군가가 사진에 자신을 태그했는지 궁금하다면 어렵지 않게 알 방법이 있다. 마찬가지로 옵션에서 '회원님이 나온 사진' 메뉴를 선택한다. 만일 원치 않은 사진에 태그됐거나 혹은 모르는 사람의 사진에 실수로 태그됐다면 어떻게 해야 할까? 그럴 경우 내 태그를 탭하고 프로필에서 그 사진을 숨기거나, 태그 자체를 없애는 방법이 있다. 안드로이드에서는 '태그 없애기' 옵션을 선택하면 간단히 사라진다. iOS의 경우 다른 옵션 보기 메뉴를 클릭한 후 '이 사진에서 내 태그 없애기'를 선택한다.

④ 차단 : 기존 팔로워 차단하기

비공개 설정을 해두면 모르는 이용자가 팔로우하는 일은 없다. 그러나 기존 팔로워 중 모르는 사람이나 관계를 끊고 싶은 사람을 차단하는 방법은 없을까? 그 방법은 아주 간단하다. 차단하고 싶은 이용자의 오른쪽 위

타인의 계정(왼쪽) 오른쪽 위에 점 3개짜리 아이콘을 선택하면 다양한 기능(오른쪽)을 사용할 수 있다.

에 점 3개짜리 아이콘을 선택해서 '차단'을 누르면 그 사람이 나를 팔로우할 수 없게 된다. 이렇게 하면 더 이상 해당 이용자가 나의 사진을 볼 수 없다. 차단하더라도 상대방에게 따로 내가 차단했다는 알림은 가지 않으니 안심해도 좋다.

⑤ 게시물 알림 설정 : 새 포스팅 알림 받기

인스타그램은 초창기부터 지금까지 줄곧 사진 피드를 시간 순서대로 정렬해왔다. 하지만 최근 인스타그램은 페이스북 스타일의 알고리즘과

Part 2 · 실전 인스타그램 활용법　063

유사한 방식의 새로운 사진 정렬 방식을 테스트해보고 있다고 밝혔다. 시간 순서대로 사진을 정렬하는 대신 이용자가 관심을 가질 만한 사진들을 맨 위로 올리는 방식이다. 이렇게 되면 최근 올라온 사진이라도 인스타그램 피드의 상단에 올라가지 않을 수 있다. 하지만 그래도 관심 있는 포스팅을 놓칠까 걱정되는 사람이라면 특정 이용자의 포스팅이 올라왔을 때 이를 알려주는 알림 기능을 이용해보자. 차단하는 방법과 마찬가지로 '게시물 알림 설정'을 클릭하면 된다.

⑥ 사진 탭해서 태그 보기 : 태그된 계정 확인하기

페이스북과 마찬가지로 인스타그램도 사진에 사람들을 태그할 수 있다. 인스타그램에 올라온 사진들을 보다 보면 사진 왼쪽 아래에 사람 모양의 아이콘이 그려진 자그마한 동그라미가 뜨는 것을 본 적이 있을 것이다. 그 표시는 그 사진이 어딘가에서 태그됐다는 뜻이다. 사진 위에 아무 데나 대고 탭을 하면 해당 이미지를 태그한 계정들이 전부 표기되며, 계정을 클릭하면 태그한 이용자의 프로필 페이지로 이동된다.

사진 왼쪽 아래에 사람 모양의 아이콘을 누르면 태그된 계정이 표기된다.

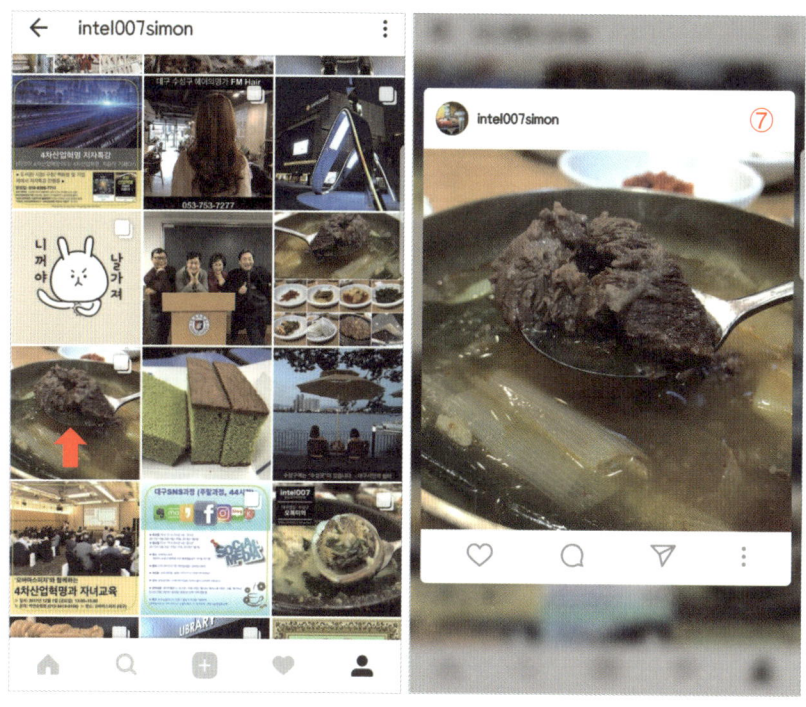

정렬된 게시글 중 원하는 사진을 미리 보기 하고 싶다면 해당 사진을 꾹 누르면 된다.

⑦ 사진 미리 보기 : 간단하게 게시물 확인하기

인스타그램 하단의 검색을 누르면 검색 창과 함께 다양한 사진들이 뜬다. 팔로워나 친구들이 좋아한 사진들 혹은 다른 인스타그램 이용자가 '좋아요'를 많이 누른 사진들이다. 이 중 흥미가 가는 사진이 있다면 그 사진에 직접 들어가서 보는 방법도 있고, 또 간단하게 사진만 미리 보는 방법도 있다. 해당 사진을 꾹 누르고 있으면 사진 미리 보기 화면이 뜬다. 화면에서 손을 떼면 미리 보기 이미지도 함께 사라진다.

인스타그램 사진 및 영상 제작

인스타그램은 즉시성이 생명이다. 하지만 기업용으로 활용하려면 아무래도 잘 찍은 사진을 골라서 사용하는 것이 바람직하다. 예쁘게 디자인한 제품이 사진에 제대로 보인다면 큰 호응을 얻을 수 있다.

포스팅을 하기 전 사용할 해시태그를 미리 검색해보자. 검색을 하면 인기 게시물 9개가 나올 텐데, 그 이미지들을 면밀히 관찰해 가지고 있는 이미지 중에서 인기 게시물에 견줄 만한 것으로 골라 포스팅하도록 하자. 인스타그램은 사진과 영상으로 보여주는 나의 모습이다. 인내심을 가지고 꾸준하게 올리되 가능한 한 예쁜 이미지를 올리려고 노력해야 한다. 이미지에 대한 감각은 미국 등에서 여성층을 상대로 해 크게 인기를 끌고 있는 핀터레스트(Pinterest)를 참조하면 도움이 될 것이다.

인스타그램에 올릴 사진을 찍을 때는 빛과 프레임을 염두에 두어야 한다. 피사체가 빛을 받아 은은한 느낌이 드는 사진이 인스타그램용으로 좋으며, 똑같은 사진이라고 하더라도 프레임을 어떻게 구성하느냐에 따라 다르게 보인다는 것을 명심하자. 또한 인스타그램 사진앱 3총사인 하이퍼랩스, 레이아웃, 부메랑을 적절히 활용해 나의 인스타그램 계정이 활기가 넘치는 장소가 될 수 있게 노력해보자.

영상 제작 시에는 인스타그램이 정사각형의 이미지를 보여준다는 것을 명심해야 한다. 즉 직사각형으로 영상을 촬영

인스타그램에서 '#책'을 검색하면 나오는 9개의 인기 게시물

똑같은 사진이어도 편집 효과에 따라 다르게 보인다. 왼쪽부터 각각 '노멀(Normal)', '문(Moon)', '클라렌든(Clarendon)' 필터를 사용했다.

하면 좌우측의 이미지가 잘리기 때문에 중요한 이미지는 화면 중심에 오도록 신경을 써야 한다.

스마트폰을 활용한 촬영 비법

　　　　자, 그러면 느낌이 좋은 사진을 스마트폰으로 촬영하는 비법을 알아보자. 늘 휴대하고 다니는 스마트폰은 무게로 인해 매일 휴대하기 불편한 DSLR 카메라보다 장점이 많다. 그리고 점차 스마트폰의 카메라 성능이 개선되고 있으므로 사전에 스마트폰 촬영기법을 알아두면 유용하다.

　스마트폰 카메라의 작은 이미지 센서는 빛을 끌어모아 작동하기 때문에 햇빛이 있는 실외에서 최고의 사진을 얻을 수 있다. 하지만 상황이 여의치 않을 경우 가능한 한 빛을 많이 받을 수 있는 장소를 선택해야 한다. 그럼에도 불구하고 이른 새벽이나 해가 질 무렵에 멋진 사진들이 많이 찍히는 이유는 사진의 분위기가 최고조에 달하기 때문이며, 특히 그 무렵에는 이동하는 사람들이 많지 않아서 전반적으로 사물 위주의 멋진 촬영이 가능하다. 종종 빛을 바라보고 사진을 촬영하는 경우가 있는데 이때는 피사체가 어둡게 나올 가능성이 높다.

　사진은 빛과 프레임의 예술이라고 한다. 피사체를 찍고자 하는 프레임의 중간이나 아랫부분에 위치시키고 적절히 여백을 활용하는 게 매우 중요한 포인트다. 프레임에 신경을 쓰다 보면 종종 수평선의 구도가 비뚤어지기도 하는데 수평을 바르게 잡는 것은 사진을 안정적으로 보이게 하는 필수 조건이니 유의하자. 또 사진을 찍을 때는 피사체의 배경에 신경 써야 한다. 피사체의 뒤로 전깃줄이 지나가거나 피사체 위로 무언가 튀어나와 있다면 그런 배경을 피해 촬영하자.

본격적으로 좋은 사진을 찍으려면 삼각대를 활용하는 것이 바람직하다. 삼각대 없이 사진을 찍다 보면 흔들림으로 인해 흐릿한 사진이 나오기 쉽다. 하지만 삼각대를 준비하지 못했다면 양손으로 스마트폰을 쥐고 팔꿈치를 몸 쪽으로 끌어당겨 최대한 안정적인 자세를 취해 흔들리지 않게 촬영하는 것이 필요하다.

빛을 활용하라

좋은 사진을 얻기 위해서는 빛과 충분히 씨름할 준비를 해야 한다. 일반 DSLR 카메라와는 달리 스마트폰에 장착된 센서는 아주 작기 때문에 광도가 낮은 상황에서는 제대로 된 반응을 기대하기 어렵다. 사진을 찍을 때는 스마트폰의 카메라에 햇빛이 직접 들어오지 않도록 주의해야 한다. 즉 해를 등지고 찍는 것이 좋다. 만일 해를 향해 찍을 경우 세심한 주의가 필요하다. 밝은 낮에는 찍는 위치를 이동해가면서 최적의 포인트를 찾아내도록 노력해야 한다. 똑같은 장면을 찍었는데 찍은 위치에 따라 사진이 다르게 보이는 이유도 바로 빛 때문이다.

희미하더라도 가능하면 많은 자연광을 얻을 수 있도록 창문 쪽을 향해 사진을 찍도록 하자. 그리고 저녁보다 자연광이 많은 아침이나 점심에 사진을 찍는 게 좋다. 인공적인 빛을 이용한 사진은 결과물이 만족스럽지 않을 수 있다. 또한 어두운 곳에서 피사체를 촬영할 때는 다른 사람의 스

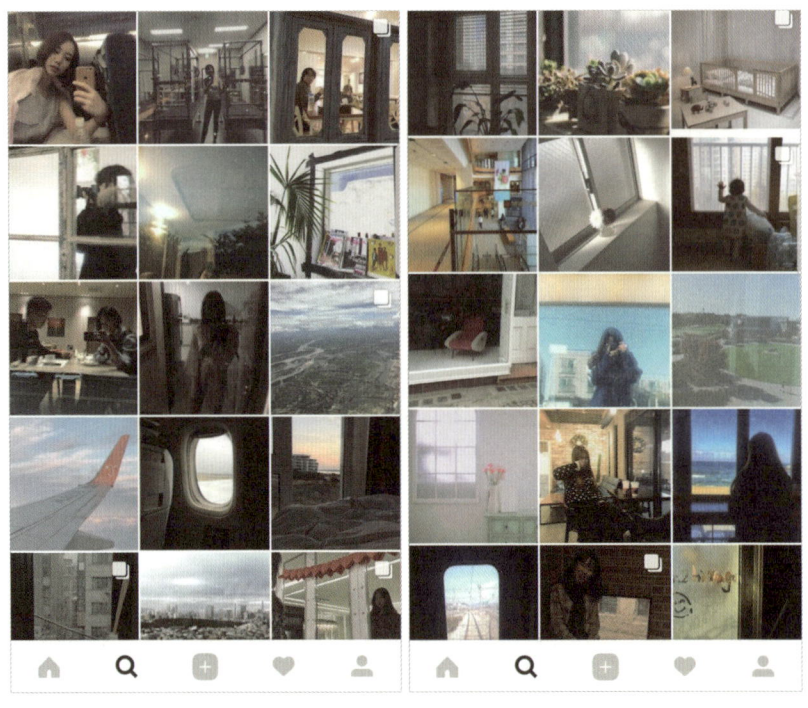

인스타그램에서는 창문의 자연광을 활용한 사진들을 쉽게 볼 수 있다.

마트폰 불빛을 이용하면 좋은 사진을 얻을 수 있다.

내가 찍고자 하는 피사체가 그늘에 가려져 있다면 최대한 밀착해 촬영을 시도해야 한다. 앉거나 눕는 것, 심지어는 무언가 밟고 올라서는 것도 주저하지 말자. 가능한 한 피사체에 가까이 접근하려는 노력이 필요하다.

구도(프레임)가 중요하다

빛을 고려해 촬영해도 구도가 완벽하지 않다면 그 사진은 아쉬움이 남는다. 사진의 구도에는 삼각구도·수직구도·수평구도·수직수평구도·십

자구도·부채꼴구도·방사형구도·대각선구도·양대각선구도·마름모꼴구도·좌우대칭구도·원형구도·와선구도·사선구도·역삼각구도·아치구도 등이 있는데, 그 각각의 구도에 대해서는 네이버캐스트의 '스마트폰 사진 특강' 콘텐츠를 참고하기 바란다. 인스타그램 사진의 경우에는 직사각형이 아닌 정사각형이기 때문에 모든 구도를 고민할 필요는 없다. 오히려 여백을 생각하면서 사진을 찍는 것이 도움이 된다. 화면을 무리하게 꽉 채우려고 하지 말고 적절한 여백을 활용하면 효과적으로 이용자의 눈길을 끌 수 있다.

줌기능은 사용하지 말자

우리는 스마트폰으로 사진을 찍을 때 무의식적으로 평소처럼 화면을 터치해 줌기능을 사용하고는 한다. 하지만 스마트폰은 좋은 확대율을 제공할 광학 줌기능이 없이 디지털 줌기능만 제공하는데, 이 디지털 줌은 사진을 망치는 달콤한 유혹이다. 스마트폰의 줌기능은 화질 저하가 불가피하기 때문이다. 따라서 멋진 파사체를 발견했다면 스마트폰을 들고 가까이 다가가는 것을 두려워하지 말아야 한다. 사소하지만 발줌(발로 가까이 가서 찍는 것)을 잘 활용하는 것도 좋은 사진을 판가름하는 요소다.

멘토를 찾자

인스타그램을 사용하다 보면 눈에 띄는 사진이 있다. 이들을 팔로우하자. 좋은 작가들을 팔로우하는 것은 좋은 사진을 찍기 위해서 훌륭한 멘토를 옆에 두는 것과 같은 행위다. 틈나는 대로 멘토의 사진을 보고 빛과 프레임을 연구해보라. 어느샌가 당신의 사진도 일취월장할 것이다.

마음껏 찍고 그 중 1장을 골라라

전통적인 사진술에서는 셔터를 누르기 전에 충분히 생각해야 한다고 가르친다. 즉 1장을 찍기 위해 이리저리 고민하고 신중하게 셔터를 누르는 것을 선호하는 것이다. 하지만 인스타그램용 사진은 마음껏 여러 장을 찍은 후 전하고자 하는 메시지가 가장 분명한 사진을 고르는 것이 좋다. 여러 장의 사진 중에서 분명 마음에 드는 사진 1장은 있을 것이다.

아래 사진은 필자가 고창 청보리밭 축제에 가서 찍은 것이다. 많은 사람들이 자신이 다녀갔다는 표시로 본인의 얼굴과 청보리밭을 함께 찍는다. 셀카봉을 활용해 최대한 자신의 얼굴이 멋지게 나오는 각도를 만든 후 사진을 찍고는 한다. 그러다 보니 주인공만 바뀌고 배경은 청보리밭이 되는 여러 장의 사진이 인스타그램에 올라오게 되는 것이다. 연인들

필자가 고창 청보리밭 축제에서 찍은 사진(왼쪽)과 다른 사람들의 포스팅(오른쪽). 필자는 청보리에 포커스를 맞춘 사진을 인스타그램에 올렸다.

은 자신들이 키스하는 모습을 다른 사람에게 부탁해 찍기도 한다. 또는 다정한 포즈로 서로를 응시하며 찍기도 한다. 그렇게 다양한 개성을 담은 사진 1장만을 골라 인스타그램에 경쟁적으로 공개한다.

필자도 청보리밭을 배경으로 한 인물사진을 찍기는 했다. 하지만 인스타그램에는 청보리에 포커스를 맞춘 사진을 올렸다. 아이폰7플러스에서 기본적으로 제공되는 아웃포커싱 기능을 최대한 활용해 찍은 것이다.

영상 편집 앱을 활용해보자

인스타그램은 처음에는 사진 1장의 묘미로 출발했지만 점차 그 기능이 개선되고 있다. 동영상만 해도 기존에는 15초 길이의 영상만 업로드할 수 있었지만 이제는 60초까지 올릴 수 있게 됐다. 60초가량의 동영상을 효과적으로 사용하려면 직접 스마트폰으로 촬영하는 것보다는 이미 촬영한 영상을 편집해 올리는 것이 바람직하다.

또한 인스타그램에서 기본적으로 제공해주는 하이퍼랩스(hyperlapse) 앱

'#hyperlapse'를 검색하면 나오는 화면. 다양한 영상들을 살펴볼 수 있다.

을 다운로드 받아서 사용해보는 것도 좋은 방법이다. 하이퍼랩스는 촬영한 영상을 1배속부터 12배속까지 만들어 저장할 수 있는 앱이다. 가장 많이 사용하는 것은 6배속으로, 만일 관련 동영상을 보려면 인스타그램 검색창에서 '#하이퍼랩스' 또는 '#hyperlapse'를 검색하면 된다. 하이퍼랩스를 통해 재미있는 동영상을 제작할 수 있으며 팔로워들의 관심을 끌 수 있다. 타인이 만든 하이퍼랩스를 보면 어떻게 하면 재미있게 구성할 수 있는지 영감을 얻을 수 있을 것이다.

안드로이드는 키네마스터, 아이폰은 아이무비

만일 동영상 광고를 제작하고 싶다면 직접 편집에 도전해보자. 필자는 아이폰에서 기본으로 제공하는 아이무비(iMovie)를 사용하는데, 안드로이드 체제의 스마트폰에서는 키네마스터(KineMaster) 편집기의 사용을 추천한다. 키네마스터는 그동안 안드로이드폰의 전유물이었는데 최근에는 아이폰 이용자들도 사용할 수 있게 됐다. 하지만 아이폰의 경우에는 기본적으로 내장된 아이무비의 기능이 막강해 이를 사용하는 경우가 많다. 안드로이드에 익숙한 케이스가 아니라면 되도록 기능이 많은 아이무비를 활용하는 것이 좋다.

아이무비의 로고. 아이폰의 경우 기능이 뛰어난 아이무비 앱을 사용하는 것이 좋다.

기본적으로 직관적으로 따라하기만 하면 쉽게 동영상을 만들 수 있는 앱이다. 파워디렉터 등 다른 앱에 비해 사용법이 쉽고 무료라는 장점이 있다. 특

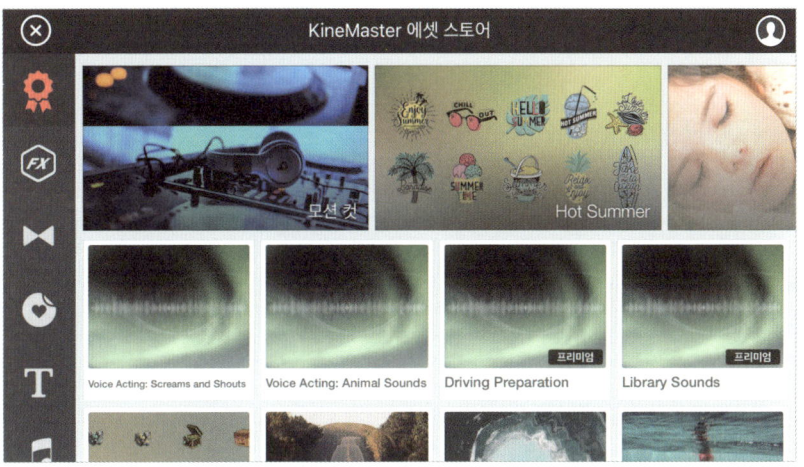

안드로이드에서만 사용이 가능했던 키네마스터. 이제 아이폰에서도 사용할 수 있게 됐다.

히 스마트폰으로 누구나 쉽게 편집할 수 있다. 자신에게 맞는 동영상 편집 앱을 사용해 인스타그램에 올릴 동영상을 만들어보자.

 인스타그램 동영상이 주목을 받으면서 미국에서는 팔로워 수가 1만 명 이상인 경우 포스팅당 250달러를 받고, 팔로워 수가 50만 명을 넘어서면 포스팅당 3천 달러를 받는 경우도 생기고 있다. 이제 파워인스타그래머는 파워블로거를 능가하는 힘을 발휘하기 시작했고, 그 배경에는 팔로워 수가 매우 중요하게 작용하고 있다. 스스로 사진을 찍고 간단히 60초 내의 동영상을 제작해 스토리를 구성하는 파워인스타그래머는 움직이는 사업체다. 대부분 영상에 직접 등장해 동영상을 보는 소비자들에게 크게 어필하고 있다. 특히 아동용품 관련 광고는 인스타맘들의 활약이 두드러지게 나타나고 있다. 보통 동영상에 등장하는 아이는 인스타맘의 자녀이며, 고급 장비가 아닌 스마트폰으로 촬영하는 것이 특징이다.

인스타그램은 기존 광고의 질서를 파괴해 유명 연예인이 아닌 평범한 사람을 스타로 부각시키고 있다. 또 인스타그램을 통해 수입을 창출하려면 이제 팔로워 수를 늘리는 것이 매우 중요한 사항이 됐다.

돈이 되는 인스타그램은 따로 있다

트위터 이용자인 크리스 메시나(Chris Messina)는 최초로 소셜미디어 대화에 해시태그를 사용한다는 개념을 만들어냈다. 지난 2007년 8월 23일 트위터 사이트 내의 대화를 분류하는 방안으로 '#' 기호를 사용하자는 제안을 트윗했다. 그런데 그의 혁신적인 제안은 처음에는 호응을 얻지 못했다. 사람들은 '#' 기호를 사용하면 메시지를 읽는 데 불편하다고 불평했다.

해시태그 시스템은 지난 2007년 10월에 발생한 샌디에이고 산불사태가 발생했을 때부터 인정받기 시작했다. '#sandiegofire'라는 해시태그를 중심으로 지원이 조직화됐고 서로 신속하고 편리하게 의사소통을 할 수 있었다. 이 사건으로 사람들은 메시지를 읽을 때는 불편을 초래하지만 언어나 어구 앞에 '#' 기호를 넣는 방식이 매우 유용하다는 것을 알게 됐다. 이에 트위터에서 '해시태그'라는 명칭을 고안해냈고, 지난 2009년 7월 1일

'#sandiegofire'를 검색하면 당시의 급박한 상황을 엿볼 수 있다. 이 사건 이후 해시태그는 대중화되기 시작한다.

부터 해시태그가 달린 단어들을 하이퍼링크해 검색 결과로 함께 표시하기 시작했다.

'#' 기호의 활용이 대중화되면서 누구나 스스로 해시태그를 만들어 다양한 마케팅 활동을 할 수 있게 됐다. 누구든 단어나 어구 앞에 '#' 표시만 넣으면 해시태그를 새로 만들 수 있다. 원하는 해시태그는 무엇이든 사용할 수 있고, 기업들도 자신들의 상품과 서비스를 알리는 데 적극 활용하기 시작했다. 다음은 해시태그 활용 팁이다.

- 간결하게 작성하라. 한 단어나 짧은 어구를 사용하라.
- 해시태그를 새로 만들기 전에 이미 사용 중인 해시태그는 아닌지 확인하라.
- 기억에 남고 쉽게 이해할 수 있는 해시태그를 만들도록 노력하라.
- 해시태그가 다양한 뜻으로 해석될 여지가 없는지 확인하라.
- 타사의 브랜드 또는 제품명이 포함된 해시태그는 지양하라.

소규모 시장에서도 매 순간 새로운 주제와 트렌드가 생겨난다. 새로운 경쟁자들이 시장에 진입하고, 새로운 상황이 발생하며, 각종 뉴스가 나타났다 사라진다. 따라서 최근에는 소비자들의 수요를 예측하기 위한 관심 영역 트렌드 조사 및 예상 고객 파악에 해시태그가 활용되고 있다. 다음의 사항을 참조하자.

- 해당 업계의 리더를 팔로우하고 그들이 어떻게 해시태그를 활용하는지 살펴보면 트렌디한 주제에 대해 신속하게 알 수 있다.
- 무작위로 아무나 불러 모으기보다 해시태그를 이용해 해당 업계에 관심이 있는 예상 고객을 모으는 것이 좋다.
- 해시태그를 활용해 자신의 관심 영역을 조사하고 신규 예상 고객과 교류하자.

해시태그도 잘못 사용하면 독이 될 수 있다. 다음은 해시태그를 사용할 때 주의해야 할 사항들이다.

- 해시태그가 해를 입힐 수도 있다는 것을 기억하자.
- 지나치게 일반적이거나 다양한 의미로 폭넓게 해석될 오해가 있는 해시태그는 만들지 말자.
- 일반적이고 트렌디한 해시태그를 마케팅 목적으로 사용하지 말자.
- 해시태그를 너무 많이 사용하지 말자. 대개 2~10개 정도의 해시태그를 사용하는 것이 적당하다. 기술적으로 30개까지 사용할 수 있지만 해시태그 리스트가 길어지면 상대방에게 안 좋은 이미지로 비쳐질 수 있다.

미국의 인스타맘, 한국의 신한카드

　　　　미국의 사례이기는 하지만 '인스타맘'이라고 불리는 사람들이 있다. 이들의 인스타그램에 등장하는 사람들은 자신을 포함한 가족 구성원들이며, 대부분 스마트폰으로 촬영하지만 종종 화질이 뛰어난 DSLR 카메라를 이용하기도 한다. 영향력 있는 인스타맘은 사진 및 영상에 등장하는 대부분의 의상과 소품 등을 협찬을 통해 해결한다. 팔로워

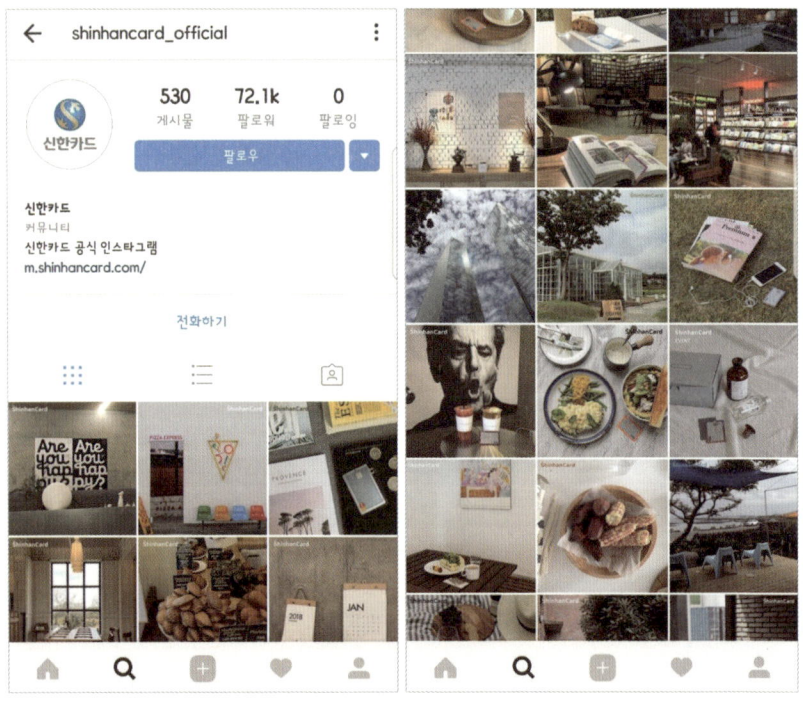

팔로워들에게 큰 호응을 얻고 있는 신한카드의 공식 인스타그램

수가 50만 명 이상인 인스타맘의 경우 하나의 포스트당 3천 달러를 받고 게시물을 올린다고 한다. 그만큼 기업에서도 이들이 가진 마케팅 효과를 인정하고 있는 것이다.

즉 돈이 되는 인스타그램을 만들려면 일단 자신의 팔로워 수가 최소한 2만 명 이상은 되도록 최선의 노력을 다해야 한다. 프로그램 등으로 팔로워 수를 늘릴 수도 있지만 권장하는 방법은 아니다. 그러면 어떻게 하면 팔로워 수를 꾸준히 늘릴 수 있을까? 7만 명의 팔로워를 확보한 신한카드의 인스타그램 관리 3원칙을 살펴보면 도움이 될 것이다.

첫 번째 원칙, 경품은 누구나 갖고 싶어 하는 것으로

신한카드 인스타그램의 팔로워 수가 남다른 이유는 단지 사진에 공을 들여서만은 아니다. 이벤트를 할 때 주는 경품이 젊은 층에서 인기를 끌고 있기 때문이다. 흔한 노트북용 선풍기나 휴대용 배터리 같은 경품에도 신경을 쓴다. 예를 들면 무지(MUJI)의 세련된 선풍기나 캡틴아메리카 방패모양의 휴대용 배터리 등을 경품으로 소개한다. 이벤트에 당첨되면 바로 누가 당첨됐는지 공개한다. 그만큼 다음 이벤트 참여에 이용자들을 끌어들이기도 쉽다. 신한카드 브랜드기획팀 관계자는 "모든 경품 선정은 팀원들에게 맡긴다"며 "받아도 그만 안 받아도 그만인 상품보다 팀원이 갖고 싶은 것을 골라준 전략이 통한다"고 말했다.

두 번째 원칙, 공들인 사진 딱 1장이면 충분하다

신한카드 인스타그램의 특징은 다른 곳보다 유난히 사진에 신경을 쓴다는 점이다. 신한카드는 전문 사진가들이 촬영한 사진을 인스타그램에

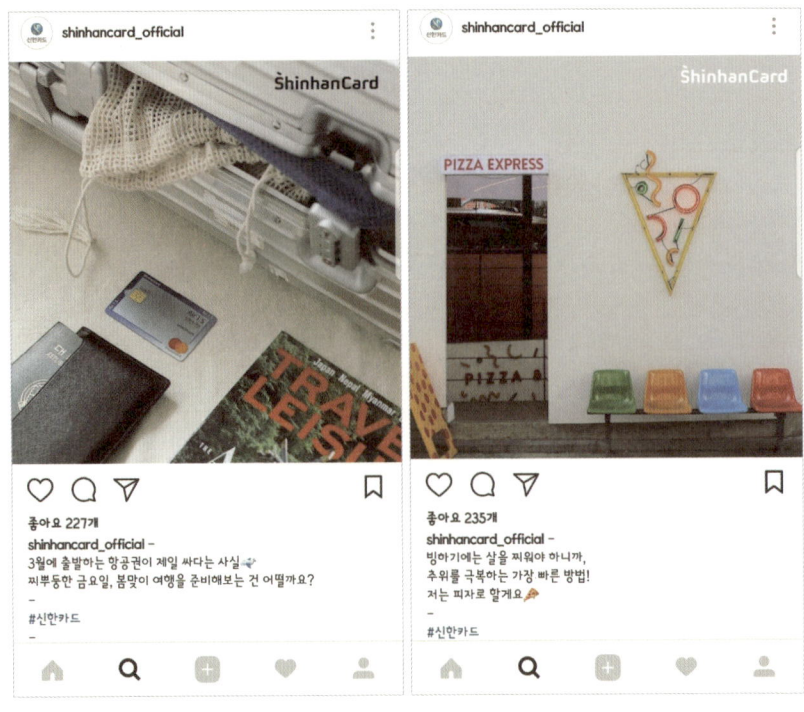

신한카드는 전문 사진사를 고용해 사진 1장에도 공을 들인다. 포스팅한 사진만 보면 광고인지 바로 드러나지 않는다.

올린다. 제주도 풍경 사진들 모두 전문가들이 직접 현장에서 촬영했다. 굳이 사진에 큰 의미를 부여하지 않아도 그냥 누구나 보면 편안해지고 기분 좋은 사진을 올린다. 신한카드 브랜드기획팀 관계자는 "인스타그램은 결국 사진 1장에 모든 것을 담아야 반응이 오는 만큼 공을 많이 들인다"라고 말했다. 그래서 신한카드 인스타그램은 일주일에 딱 3번만 업데이트된다. 1장에 많은 메시지를 담으려는 다른 기업들의 인스타그램과 달리 불필요한 텍스트나 메시지, 여러 장의 사진을 한 화면에 담지 않는다.

오로지 공들인 사진 1장과 간결한 텍스트뿐이다. 텍스트는 키워드만 해시태그로 간단하게 정리한다.

세 번째 원칙, 광고인 듯 광고가 아닌 듯

신한카드 인스타그램은 사진만 보면 신한카드 광고인지 바로 드러나지 않는다. 아무리 인스타그램이 마케팅이나 이미지 광고 수단이라고 해도 카드를 전면에 내세우는 경우는 거의 없다. 사진 구석에 숨기거나 살짝 비치는 식이다. 신한카드 브랜드기획팀 관계자는 "대놓고 우리 상품이라고 드러내는 것보다 은근히 조금씩 보여주는 설정이 젊은 층에게 매력적으로 다가가는 것 같다"고 설명했다.

해시태그를 잘 활용한 8가지 사례

해시태그는 원하는 정보로 연결되는 인스타그램의 비밀통로다. 자신이 찾고 싶은 정보의 단어를 '#' 다음에 넣고 검색을 하면 상위에 9개(가로 3개, 세로 3개)의 정보를 보여주며, 최근 포스팅도 함께 보여준다. 해시태그는 원래 트위터에서 사용되던 것인데 인스타그램을 통해 폭넓게 사용되어 인스타그램의 특징으로 각인되고 있다.

해시태그를 적절하게 활용해야 한다는 말에 무작정 검색되고 싶은 단어를 '#' 뒤에 넣어서는 안 된다. 자신이 검색을 했는데 전혀 엉뚱한 내용의 글이 나온다면 스팸 게시물로 신고를 당할 수 있기 때문이다. 검색률을 높이기 위해 사진과 무관한 해시태그의 사용은 자제하자.

　인기 해시태그는 '~그램'으로 끝나는 경우가 많다. 음식의 경우 먹스타그램, 맛스타그램, 밥스타그램, 빵스타그램이 있고, 뷰티의 경우 뷰티스타그램, 뷰티그램이 있다. 셀카의 경우 얼스타그램, 셀스타그램 등이 있으며, 패션의 경우 옷스타그램과 멋스타그램이 있다. 최근에는 아이를 키우는 엄마들이 카카오스토리에서 대거 옮겨오면서 맘스타그램, 육아그램 등의 해시태그가 크게 인기몰이를 하고 있다.

　많은 SNS 전문가들은 해시태그의 수를 5개 미만으로 사용할 것을 권한다. 타깃팅을 염두에 두고 5개 정도의 키워드를 고민하는 것이 좋다. 해시태그는 큐레이팅을 만나면 그 빛을 발한다. 자신이 세계여행을 하면서 먹었던 음식들을 함께 포스팅해 인기를 끌고 있는 '#girleatworld', 예쁜 바닥 위에 발을 두고 찍은 사진을 포스팅해 주목을 받고 있는 '#ihavethisthingwithfloors' 등이 대표적인 성공사례로 여겨진다.

사례 1. #girleatworld

　'#girleatworld'는 세계를 여행하는 여자가 세계 곳곳에서 각양각색의 먹거리를 손에 들고 사진을 찍어 올리는 '여행과 여행지의 음식' 콘텐츠를 잘 나타내고 있다. 38만 명의 팔로워를 확보하고 있는 그녀지만 단지 188명만 팔로잉하고 있다. 그런데 여기서 주목할 것은 게시물의 수다. 단지 328개의 게시물로 승부를 건 것이다. 자신에 대한 소개도 지극히 간단하며 소개의 앞에는 간단한 이모티콘을 넣었다.

　'Eating my way around the world'. 여기에서 눈에 띄는 단어는 'my way'다. 내 방식대로 먹겠다는 것이다. 세계 주요 여행지를 배경으로 음

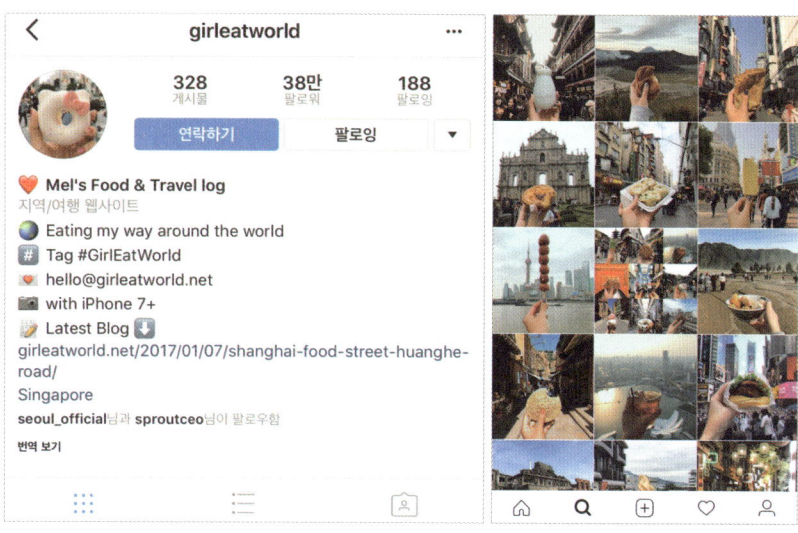

'여행과 여행지의 음식'이라는 콘텐츠가 잘 드러나는 'girleatworld' 계정

식을 손에 들고 있는 사진을 보여주며 독자들의 호기심을 자극한다. 비싼 호텔의 식사가 아니다. 길거리에서 편하게 내 방식대로 먹을 수 있는 음식들이 등장한다.

 그런데 놀라운 것은 게시글마다 1만 명 이상이 '좋아요'를 눌렀다는 것이다. 상하이의 구 타운을 걸으며 요거트를 맛있게 먹었다는 내용이다. 그리고 요거트를 담은 하얀 용기가 아주 유용하다는 표현을 했다. 이 포스팅에는 댓글이 100개 넘게 달렸다. 이렇게 단순한 이미지 1장을 통해 궁금증을 가진 독자들의 다음 행동은 무엇일까? 그녀의 블로그를 방문해 보는 것이다. 우리나라는 네이버 또는 다음 등 포털사이트를 통한 블로그 활동을 많이 한다. 하지만 외국은 각각의 개성이 살아 있는 워드프레스(wordpress)를 통해 블로그를 유지한다. 역시 스토리텔링은 블로그가 제격

독자들의 호기심을 자극하는 사진 1장으로 1만 명 이상의 호응을 받았다.

이다. 음식과 여행과 사진을 통한 스토리텔링이 그녀의 특기다. 그녀는 블로그를 통해서 못다 한 이야기를 나누고 있으며, 더 많은 사진과 더 상세한 설명으로 독자들에게 콘텐츠를 제공하고 있다.

우리나라에서는 파워블로거들이 상위노출에만 전념하고 있다. 하지만 검색 후 링크를 타고 들어가 보면 광고 일색이다. 자신만의 소소한 일상이나 가치 있는 내용을 전달하는 데 게으른 블로거들을 종종 본다.

그녀는 '#girleatworld'라는 태그를 통해 독자들과 소통한다. 인스타그램 검색창을 찾아 보니 무려 2만 3,699개의 게시물이 올라와 있었다. 즉 그녀 혼자 하는 것이 아니라 함께 만들어가는 커뮤니티의 선두주자인 셈이다. 여기서 눈에 띄는 것은 그녀의 이메일 주소다. 아예 'www.girleatworld.net'이라는 도메인을 샀다. 자신이 큐레이팅한 단어를 제대로 브랜딩한 사례라고 볼 수 있다.

또한 그녀는 전문 사진작가가 아니다. 아이폰7플러스로 찍은 사진을 사용하고 있다. 아이폰7플러스가 가지고 있는 아웃포커싱 기능을 활용하면 그녀처럼 멋진 사진들을 보여줄 수 있다.

만일 당신도 세계여행 또는 국내여행을 즐긴다면 벤치마킹해보자. 역시 한글보다는 영어로 하는 것이 더 많은 팔로워를 확보할 수 있다고 생각한다. 인스타그램에 자신을 소개할 때 가능한 한 영어와 한글을 병기하는 것이 더 많은 팔로워를 확보하는 방법이다.

사례 2. #ihavethisthingwithfloors

꼭 여행을 통해서만 독자들과 소통을 할 수 있는 것일까? 그렇지 않다. 암스테르담에서 큐레이팅을 하는 'ihavethisthingwithfloors' 계정은 팔로워가 자그마치 80만 명을 육박한다. 그럼에도 불구하고 팔로잉은 고작 5명이다. 그리고 게시물은 1,183개다. 그녀는 길을 걷다가 아름다운 바닥을 발견하면 멈춰 서서 자신의 발과 함께 사진을 찍어 인스타그램 계정에 올린다.

아래 사진에서 보는 바와 같이 그녀는 일부러 예쁜 바닥을 찾아가 촬영을 하기도 하고, 우연히 발견하게 되어도 걸음을 멈추고 사진을 찍는다. 그녀의 이런 독특한 시도는 많은 독자들의 참여를 불러왔고 '#ihavethisthingwithfloors'의 게시물 50만 개를 넘어섰다. 다른 사람들이 따라하며 동질감을 느끼게 되는 것이다.

이렇듯 해시태그를 잘 활용한 성공사례는 해외에서 쉽게 찾아볼 수 있다. 하지만 국내 상황은 어떤가?

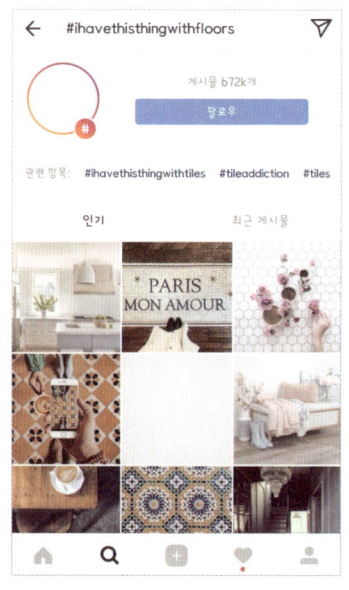

예쁜 바닥을 찍는 그녀의 독특한 시도는 많은 독자들의 참여를 불러왔다.

대부분의 국내 SNS 홍보 마케팅사들은 검색 상위노출에 주력한다. 특히 네이버 검색 상위노출을 통해 광고주들에게 어필을 하려다 보니 광고의 질보다는 네이버 검색엔진의 로직 분석에 많은 시간을 할애한다. 이는 기존의 패러다임 속에 갇히는 결과를 초래한다. SNS 마케팅을 완벽히 이해하지 못한 상태에서 성급히 마케팅을 진행하려고 했기 때문에 어려움을 겪게 되는 것이다. 분명히 네이버 검색 시 상위노출은 됐는데 매출이 제자리걸음이거나 오히려 감소하는 경우도 생긴다.

　인스타그램 역시 인기글에 포스팅을 올리려는 전략을 앞세우면 매출에 대한 영향력이 감소한다. 인스타그램 마케팅의 경우 치밀한 전략을 세

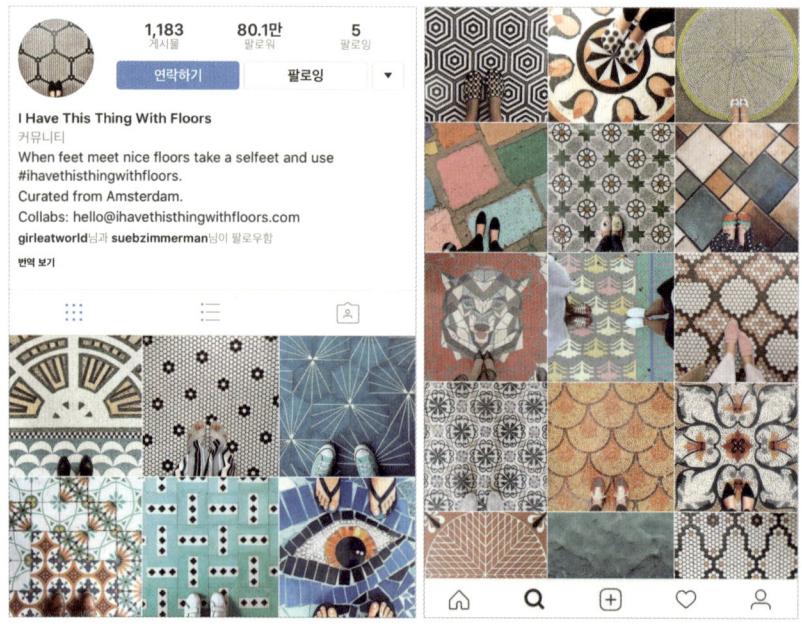

자신의 발과 함께 예쁜 바닥 사진을 찍어 올려 큰 호응을 얻고 있는 'ihavethisthingwithfloors' 계정

위 접근해야 하는데, 특히 유용한 해시태그를 발굴하는 게 키포인트다. 인스타그램을 통한 소통과 공감은 해시태그로 시작되어 해시태그로 완성된다. 해시태그를 통해 관심사를 찾고 있는 소비자들과 접촉하며 그들과 꾸준하게 소통을 이어가는 것이 필요하다.

사례 3. #shakeshakeburger

쉐이크쉑버거는 인증샷을 통한 재미와 인스타그램의 인기가 어우러져 마케팅에 크게 성공한 케이스다. 다음 이미지에서처럼 '나 쉐이크쉑버거 먹는 여자야'라는 콘셉트는 도시 이미지와 세련된 커리어우먼의 분위기를 연출할 수 있게 해준다. 줄을 서서라도 내가 먹고 싶은 것을 먹는다는 메세지를 전하며 독특한 나만의 개성을 표출하는 통로를 인스타그램이 제공해주고 있는 것이다.

그 결과 놀라운 일이 일어났다. 2017년 2월 27일 내한한 창업자 대니 마이어(Danny Meyer) 회장은 "쉐이크쉑버거 강남점은 전 세계 120여 개 매장 중에서 1위(일평균 매출액 기준)를 기록했습니다. 청담점도 전 세계

도시 이미지와 세련된 커리어우먼의 분위기를 연출하는 데 성공한 쉐이크쉑버거

3위 안에 들 것으로 보입니다"라고 말했다. 전 세계 120개 매장 중에서 1등과 3등을 대한민국에서 기록한 것이다. 금메달과 동메달을 동시에 딴 셈이다. 쉐이크쉑버거를 한국에 들여온 SPC그룹은 USHG와 독점 운영 계약을 체결하고 2016년 7월 쉐이크쉑 강남점을 처음 열었다. 그 후 청담점과 동대문점을 연이어 오픈하며 인기몰이를 하고 있다.

사례 4. #natgeo

창조적인 아이디어는 늘 소비자들을 열광하게 한다. 고품질의 자연사진을 주로 소개해온 내셔널 지오그래픽(National Geographic)의 경우 스마트폰 사진이 대세인 인스타그램의 흐름에 역행했다. 사진을 꾸미는 인스타그램 내부 필터도 사용하지 않았다. 그 대신 내셔널 지오그래픽은 고품질 사진 1장에 상세한 설명을 달았다. 이는 마치 잡지를 보는 것과 같은 효과를 내는데, 인스타그램의 설명 부분에 글자 수 제한이 없다는 것을 효과적으로 활용한 사례로 높이 평가되고 있다.

고품질의 사진 1장과 잡지처럼 상세한 설명이 주효한 내셔널 지오그래픽 계정

내셔널 지오그래픽의 해시

태그는 아주 간단하다. 혹시라도 긴 단어(National Geographic) 중 어느 한 글자라도 잘못 입력하면 다른 곳으로 가게 되니까 '#natgeo'라는 6개 글자를 사용했다. 두말할 것도 없이 'National Geographic'의 앞 글자를 따서 조합한 것이다. 약 1만 개의 게시물을 올렸는데 7천만 명 이상의 팔로워를 가지고 있다.

사례 5. #whereintheworld

창조적인 아이디어는 얼마든지 있다. 세계적인 커피숍 브랜드 스타벅스는 선입견을 깨고 작은 로컬 커피숍이라는 이미지 마케팅을 전개해 대성공을 거두었다. '#whereintheworld' 캠페인을 통해 전원적인 브랜드 이미지를 창출했으며, 더 친근하고 일상적인 분위기의 커피숍이라는 인상을 심어줬다. 이는 소비자들의 호기심을 자극하게 만들었는데 특정 지역의 사진을 게시하고 그 지점이 어디에 있는지 팔로워들에게 추측하게

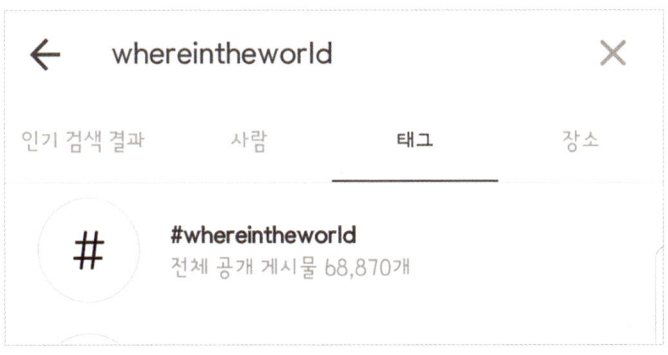

'#whereintheworld' 해시태그 게시물은 2018년 2월 5일을 기준으로 총 6만 8,870개가 있다.

캠페인에 소개되었던 멕시코시티의 한 스타벅스 전문점

하는 형식이었다. 소비자들은 열광하며 게시된 그 지역에서 우아하게 커피를 마시며 '#whereintheworld' 캠페인에 자연스럽게 동참했다. 이를 통해 매출이 꾸준히 증가했다고 한다. 작고 소박한 이미지의 스타벅스를 연출해 소비자들의 반응을 자연스럽게 끌어낸 사례로 인정받고 있다.

창조적인 아이디어의 출발은 다르게 생각하는 것이다. 세계 최고의 커피숍이라는 브랜드를 고집하면서 고급스러운 전 세계의 스타벅스 매장을 보여줄 수도 있었다. 하지만 스타벅스는 그런 고정관념을 깬 것이다. 시골의 작은 마을에 위치한 스타벅스도 그 맛은 동일하며 친근한 커피숍이라는 이미지를 구축해 누구에게나 사랑받는 느낌을 주는 데 성공했다.

사례 6. #Triangl

호주의 작은 회사인 트라이앵글(Triangl)은 여성 수영복 전문 회사다. 이들은 내부 회의를 통해 어떻게 하면 회사를 잘 알릴 수 있을지를 고민했는데, 최근에는 '일관된 포스팅'이라는 콘셉트를 인스타그램에 적용한 성공사례로 소개되고 있다. 이들의 인스타그램에는 해안가의 풍경사진과 수영복을 입고 있는 모델의 사진이 교대로 업데이트된다. 이런 단순한 반복효과는 소비자들의 호기심을 자극해 다음에는 어떤 사진이 올라올지 궁금해하는 사람들이 늘었고 자연스럽게 마케팅으로 이어졌다.

트라이앵글은 약 300만 명의 팔로워를 거느리고 있다. 다음에는 어떤 사진이 올라올지 기

트라이앵글 계정은 '일관된 포스팅'이라는 콘셉트를 잘 활용한 성공사례로 꼽힌다.

대하고 있는 팔로워들은 게시물마다 '좋아요'를 눌렀고, 각 게시물은 3만 개 이상의 '좋아요'를 받고 있다. 이렇게 일관성 있는 스토리를 전개한 전략이 소비자들을 충성고객으로 묶어 놓는 데 기여했다.

사례 7. #F21StatementPiece

인스타그램에서 동영상을 활용해 성공한 사례도 있다. 포에버21(Forever21)에서의 동영상 캠페인 '#F21StatementPiece'는 소비자들이 해시태그와 함께 춤추는 영상을 올리도록 유도했다. 그에 대한 보상으로

포에버21은 동영상 캠페인을 통해 소비자들이 자발적으로 마케팅에 참여하게 했다.

1만 달러의 장학금을 주는 이벤트였는데 많은 학생들이 호응해 큰 마케팅 효과를 거두게 됐다.

이 동영상 캠페인은 소비자들이 즐겁게 자발적으로 마케팅에 참여하는 통로를 제공해 준 셈이 됐다. 유명 연예인의 모습을 인스타그램 광고용으로 사용할 수도 있다. 하지만 평범한 소비자의 등장은 더욱 친숙한 이미지를 가지게 한다. 인스타그램은 광고인 듯 광고가 아닌 듯 모호한 콘셉트의 이미지 또는 동영상이 소비자들에게 더욱 크게 어필하는 것으로 본다.

현재 포에버21의 팔로워 수는 1천만 명을 넘어섰다. 약 5천 개의 게시물을 꾸준하게 올리며 팬들과 소통을 이어가고 있다.

사례 8. #letsdothis9gag

'#letsdothis9gag'라는 나인개그의 이벤트는 단 하루만 진행됐지만 미리 충분하게 공지를 해 큰 호응을 받았다. 어색한 모습의 사진을 올리도록 유도해 많은 사람들의 웃음을 자아내기도 했다. 사람들은 자신의 모습이 연예인처럼 멋지게 나오지 않더라도 재미있는 내용이면 기꺼이 동참하는 성향이 있다. 그래서 나인개그의 이벤트를 통해 우스꽝스러운 사진을 스스로 찍어 올리며 만족해했다. 나인개그는 자신이 나온 우스꽝스러운 사진을 지인들과 공유하게 유도하는 캠페인을 했는데 자연스럽게 브랜드를 알리는 계기가 됐다. 그들은 팔로워만 약 4천만 명에 육박한다. 1만 개 이상의 다양한 사진과 동영상을 올리며 꾸준히 독자들과 소통한 결과 1개의 포스팅당 1백만 명 이상이 조회한 동영상들도 상당수 있다. 이제 소셜미디어에서도 'fun(재미)'은 고객을 불러 모으는 통로가 되고 있다.

결국 관건은 스토리텔링이다

앞선 사례들을 통해 알 수 있듯이 해시태그만큼 중요한 것이 바로 스토리텔링이다. 스토리텔링 마케팅이란 브랜드의 특성과 잘 어울리는 이야기를 만들어 소비자의 마음을 움직이는 감성 마케팅을 말한다.

'#girleatworld'의 경우 '여행과 여행지의 음식'이라는 콘셉트를 해시태그와 함께 인스타그램에 잘 녹여내 38만 명의 팔로워를 얻을 수 있었다. 스타벅스는 '#whereintheworld' 해시태그 캠페인을 통해 친근한 커피숍이라는 이미지를 만들어냈다. 이처럼 단순히 해시태그를 잘 활용하는 것뿐만 아니라 결국 관건은 해시태그를 통해 얼마나 콘셉트를 잘 드러내고,

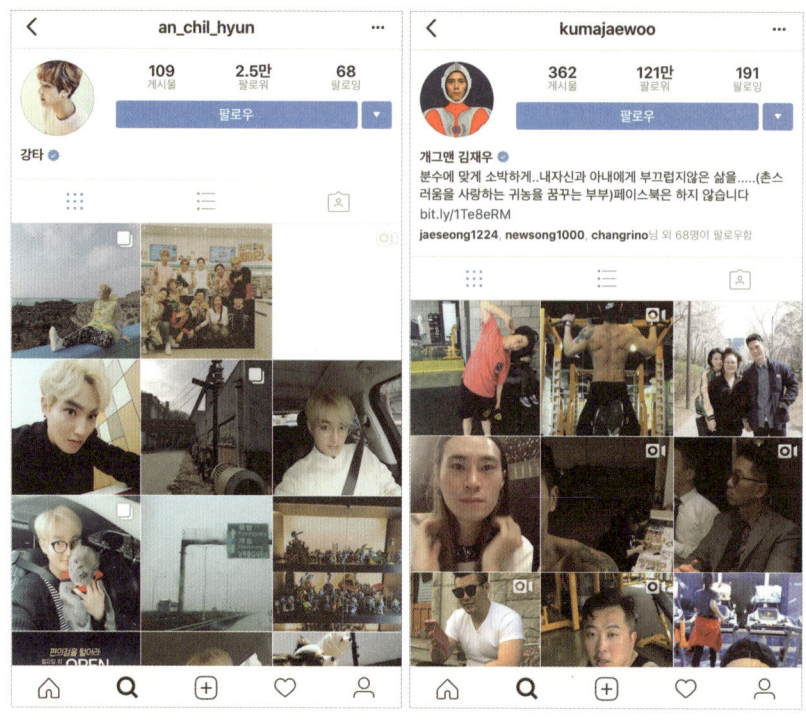

강타(왼쪽)와 김재우(오른쪽)의 인스타그램 팔로워 수 차이는 스토리텔링의 유무와 관련이 있다.

치밀하게 브랜드의 이야기를 소비자들에게 소개하느냐 하는 것이다.

일례로 가수 겸 뮤지컬 배우로 활동하며 큰 인지도를 가지고 있는 강타와 상대적으로 덜 유명한 개그맨 김재우의 인스타그램 계정을 비교해보자. 강타와 김재우의 인스타그램을 비교 분석해보면 왜 김재우의 팔로워 수가 훨씬 많은지 알 수 있다. 강타는 설명 없이 사진 1장을 올리기도 하며 설명이 있어도 매우 간단한 글들이 주류를 이루고 동영상은 드문 편이다. 하지만 김재우는 철저한 SNS 스토리텔러다. 사진과 동영상을 적절히 혼합하고 있으며 리포스트를 통해 타인의 포스팅을 가져오기도 한다. 물론 라이브방송을 통한 소통으로 다양한 계층을 팔로워로 확보한다. 때로는 개연성 없게 느껴질 수 있지만, 결국 김재우의 포스팅들은 '엉뚱하지만 행복한 결혼 생활과 일상 속 소소하고 유쾌한 에피소드들'로 정리할 수 있다.

인스타그램 라이브방송

그동안 '동영상'이라 하면 으레 유튜브가 연상됐다. 그런데 점점 유튜브에 올라오는 동영상의 질이 높아지며 시청자들의 눈높이도 높아졌고, 이로 인해 동영상 편집기술을 배우려는 사람들이 늘어났다. 다양한 이미지 전환효과, 적절한 글씨와 배경효과 등 온갖 기교를 부린 동영상들이 등장했으며, 배경음악을 잘못 선택해 저작권 문제로 곤란을 겪기도 한다.

SNS에 라이브방송을 널리 퍼지게 한 미디어는 페이스북이다. 페이스북 라이브방송은 말 그대로 실시간 진행되기 때문에 동영상 편집을 따로 하지 않아도 됐고, 라이브방송을 시작하면 기존의 페친들에게 '방송 중'이라는 푸시 메시지가 전달되어 쉽게 널리 유통됐다.

라이브방송의 매력은 진솔함이다. 거짓 없는 현장중계가 주는 느낌을 그대로 전달받을 수 있으며, 생각지도 않은 방송사고도 그대로 보여줘

페이스북과 트위터, 아프리카TV는 대표적인 라이브방송 플랫폼이다. 최근에는 인스타그램도 라이브방송 서비스를 시작했다.

서 시청자들을 즐겁게 해주는 매력이 있다. 페이스북의 라이브방송은 선거유세 때나 공연장에서, 그리고 축제의 현장 등에서 다양하게 사용되고 있다.

트위터도 페리스코프(periscope)를 통한 라이브방송 송출이 가능하게 됐는데, 스마트폰의 동영상을 세로로 보여주는 것이 출시 당시 혁신적으로 받아들여졌다. 또 지도를 통해 지금 이 순간 지구촌 어디에서 라이브방송을 하고 있는지 알 수 있도록 했다.

반면에 국내에서는 라이브방송으로 아프리카TV가 대표적으로 널리 알려져 있다. 하지만 다양한 콘텐츠를 확보하기보다는 먹방(먹는 방송)과 게임 중계 등에 많이 편중된 경향이 강하며, 상대적으로 어린 층에게만 인기가 있는 방송이 됐다. 한때 아프리카TV의 인터넷 방송인(BJ ; Broadcaster Jockey)들이 고수익을 올린다는 보도가 나가며 너도나도 BJ가 되려 하는 현상이 벌어지기도 했다.

인스타그램도 라이브방송 서비스를 시작했다. 일반인들은 물론이고 연예인들도 인스타그램 라이브방송에 가세하며 대중들에게 폭넓게 받아들여지고 있다. 인스타그램 라이브방송의 매력은 역시 단순함이다. 인스타그램에서 라이브방송을 하려면 먼저 홈화면에서 카메라를 누른다. 그러면 하단에 '라이브', '일반', 'Boomerang', '핸즈프리'가 순차적으로 나타나는데, '라이브'를 누르면 라이브방송을 시작할 수 있다.

인스타그램 라이브방송으로 팬들과 소통하는 김재우는 속칭 'SNS대통령'으로 불리며, 아이돌 못지않은 팔로워를 보유하고 있다. 인스타그램의 경우 121만 명의 팔로워를 확보하고 있으며, 대부분 평균 5만~6만 개의

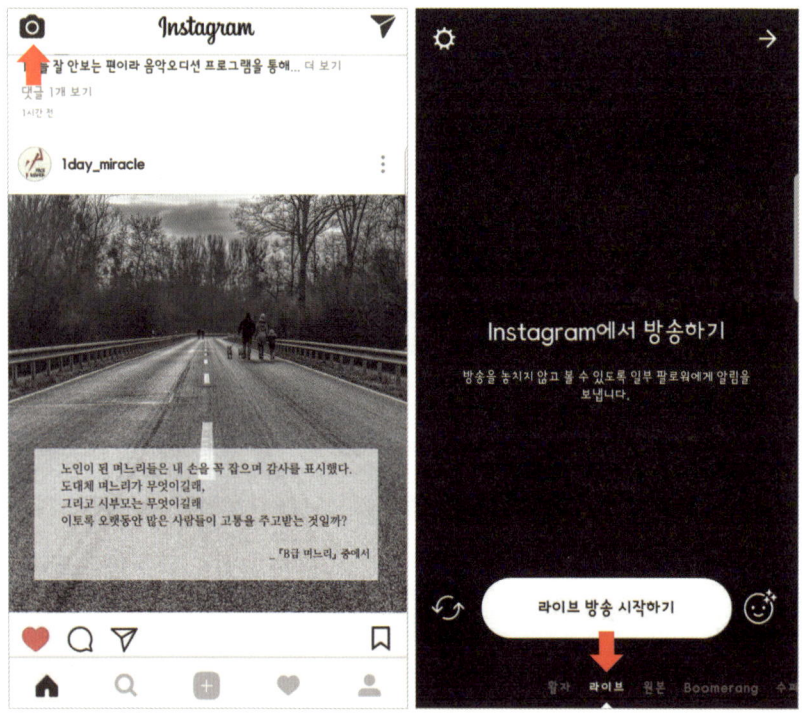

인스타그램의 홈화면(왼쪽)에서 카메라 아이콘을 눌러 하단의 '라이브'를 누르면 라이브방송을 시작할 수 있다.

'좋아요'를 받고 있다. 동영상의 경우 조회수만 30만 명을 훌쩍 뛰어넘는다. 그는 라이브방송 중 때로 자신의 노래 실력까지 아낌없이 공개해 팔로워들의 뜨거운 반응을 이끌어내기도 한다. 유머러스한 SNS 글로 팔로워를 확보한 그는 평소 자신의 일상을 SNS에 업로드하는 것을 원칙으로 삼고 있다. 최근 한 대기업으로부터 자신들의 제품 사진을 올려주기만 하면 현금으로 1천만 원을 주겠다는 제의를 받았지만, "SNS에 올리는 글 대부분이 아내와 나의 일상 이야기이기 때문에 거절했다"라고 밝히기도 했다.

인스타그램도 이제 라이브방송의 시대

그러면 타인의 인스타그램 라이브방송은 어떻게 볼 수 있을까? 내가 팔로우하는 사람이 라이브방송을 공유하면 피드 상단의 프로필 사진에 다채로운 색상의 테두리와 'Live'라는 단어가 표시된다. 프로필 사진을 누르면 그 사람의 라이브방송을 볼 수 있는데, 다른 사람의 라이브방송을 보는 동안 화면 하단에서 댓글을 남기거나 아이콘을 눌러 '좋아요'를 클릭할 수 있다. 이때 방송을 보고 있는 모든 사람들이 내가 남긴 '좋아요'나 댓글을 볼 수 있다. 페이스북의 라이브방송과 동일하다고 보면 된다. 화면을 눌러 댓글과 '좋아요'를 숨길 수도 있다.

라이브방송을 하기 전에는 여러 SNS 채널들 통해 내가 몇 월 며칠 몇 시부터 몇 시까지 인스타그램으로 라이브방송을 한다고 예고하는 게 좋다. 인스타그램이 아닌 타 채널로 인스타그램 라이브방송을 예고할 때는 본인의 인스타그램 아이디를 함께 공개해 방송 전에 미리 팔로워하게 만드는 세심한 배려도 필요하다.

만약 지인의 라이브방송을 봤는데 그 방송을 다시 보고 싶다면 어떻게 해야 할까? 과거에는 페이스북 라이브방송과는 달리 인스타그램의 경우 방송이 끝나면 더 이상 해당 영상을 볼 수 없었다. 인스타그램에서는 라이브방송이 끝나면 따로 저장되지 않고 휘발했던 것이다. 하지만 최근에

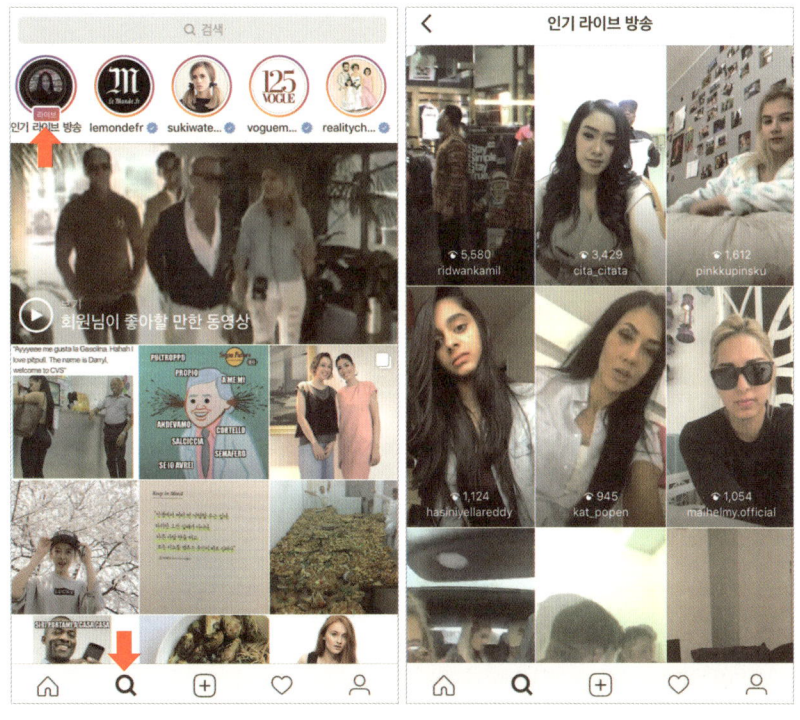

홈화면(왼쪽)에서 돋보기를 누른 뒤 상단의 '인기 라이브방송'을 누르면 실시간으로 진행되고 있는 방송 목록(오른쪽)을 볼 수 있다.

는 업데이트를 통해 따로 피드에 저장할 수는 없지만 인스타그램 스토리에는 저장할 수 있게 됐다. 24시간 동안은 다시 보기가 가능해진 것이다. 물론 영상 촬영 후 따로 저장하지 않고 '삭제'를 누르면 평소처럼 라이브 영상이 사라지게 할 수 있다.

지금 실시간으로 진행 중인 라이브방송은 홈화면 하단의 돋보기를 클릭하면 정렬되어 나타난다. 거기에서 왼쪽 상단의 '인기 라이브방송'을 누르면 시청자가 많은 라이브방송을 볼 수 있다. 이때 하단에 나타나는 숫자는 지금 이 시간에 라이브방송을 시청하고 있는 사람들의 숫자다. 한국인들이 하는 라이브방송도 어렵지 않게 찾을 수 있다.

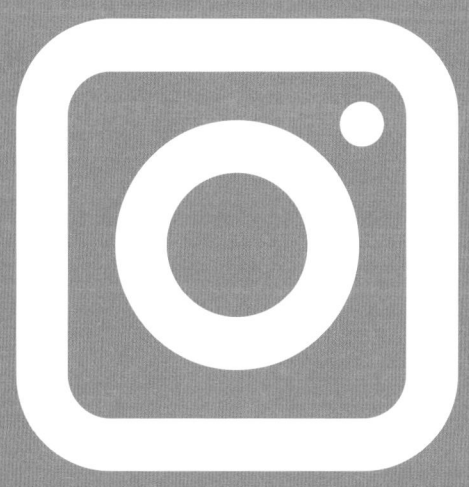

Part 3

팔로워가 늘어나면 매출도 늘어난다

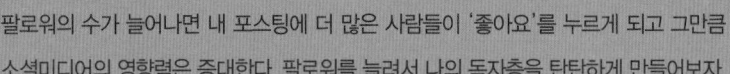

팔로워의 수가 늘어나면 내 포스팅에 더 많은 사람들이 '좋아요'를 누르게 되고 그만큼 소셜미디어의 영향력은 증대한다. 팔로워를 늘려서 나의 독자층을 탄탄하게 만들어보자.

팔로워를 늘리는 비법은 무엇일까?

인스타그램을 하면서 친구(팔로워)가 없으면 왠지 허전하다. 그래서 돈을 들이지 않고 팔로워를 늘리는 방법을 익혀두면 매우 유용하다. 그런데 여기서 명심할 것이 있다. 약간의 수고는 해야 한다는 것이다.

맞팔하기

가장 고전적인 방법은 '#맞팔'을 검색해 맞팔(서로 팔로우를 하는 것)하는 것이다. 맞팔과 관련된 해시태그로는 '#맞팔', '#맞팔해요', '#맞팔환영', '#맞팔100', '#맞팔해용', '#맞팔후댓글', '#맞팔좋아요', '#맞팔댓글', '#선팔', '#선팔좋아요', '#선팔하면맞팔', '#선팔환영', '#팔로우', '#팔로우미', '#팔로우환영', '#팔로우그램' 등이 있다.

하지만 인스타그램은 한국어를 사용하는 사람보다는 영어를 사용하는

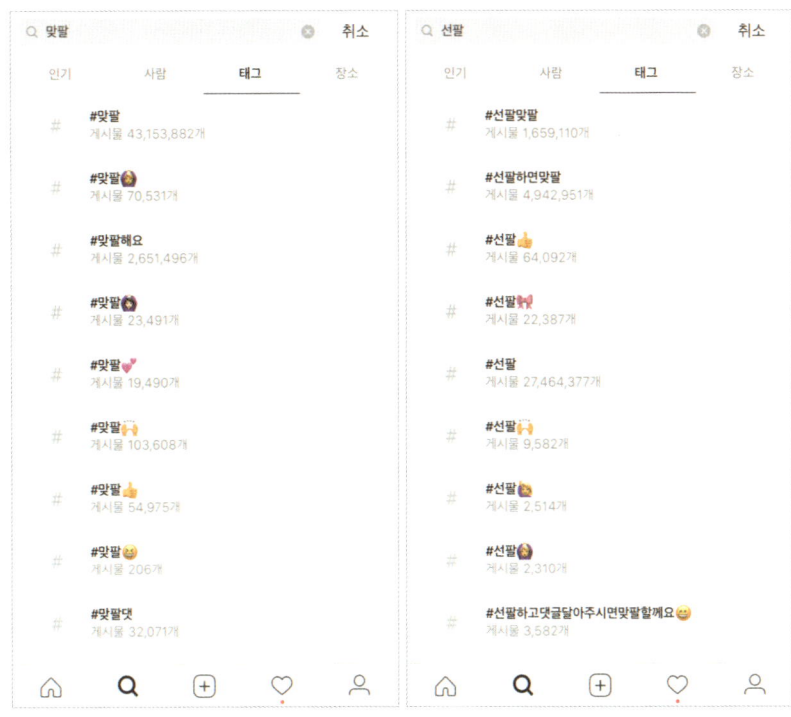

인스타그램에서 '맞팔'과 '선팔'을 검색하면 관련 검색어를 확인할 수 있다.

경우가 압도적으로 많다. 따라서 영어 해시태그를 사용하면 더 많은 팔로워를 모을 수 있다. 영어로 된 맞팔 관련 해시태그로는 '#f4f', '#f4fb', '#f4follow', '#follow', '#followme', '#like', '#friends', '#like4like', '#instalike', '#followers' 등이 인기가 있다.

이런 해시태그를 검색해 맞팔할 수 있지만 자신의 포스팅에 해시태그를 사용할 수도 있다. 맞팔을 원한다면 맞팔을 유도하는 해시태그를 사용해 포스팅해보자. 맞팔을 원하는 사람이 먼저 팔로우할 것이다.

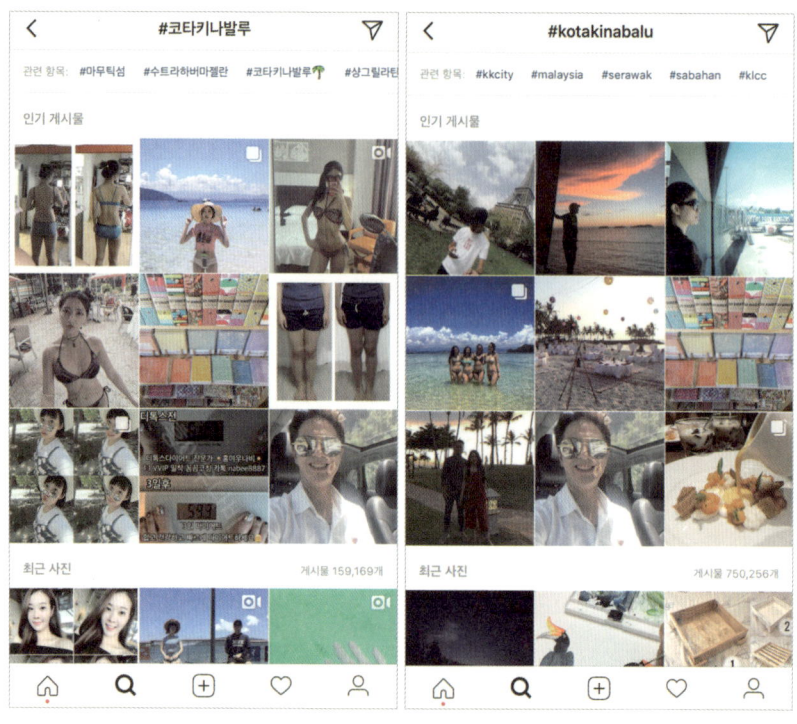

인스타그램에서 '#코타키나발루'와 '#kotakinabalu'를 검색한 결과. '좋아요'가 많은 포스팅을 골라 선팔하는 것이 좋다.

선팔하기

선팔은 내가 먼저 상대에게 다가가는 것이다. 관심사가 비슷한 사람을 찾아서 먼저 팔로우를 하는 방법인데, 상대방이 맞팔을 하지 않을 수도 있지만 대부분의 경우 누군가가 자신을 팔로우하면 알림을 통해 알 수 있기 때문에 맞팔을 하게 된다. 예를 들어 말레이시아에 위치한 휴양지인 코타키나발루의 멋진 사진들을 찍은 사람들과 그 경험을 나누고 싶다면 해시태그에 '#코타키나발루', '#kotakinabalu'를 검색해 '좋아요'가 많은 포

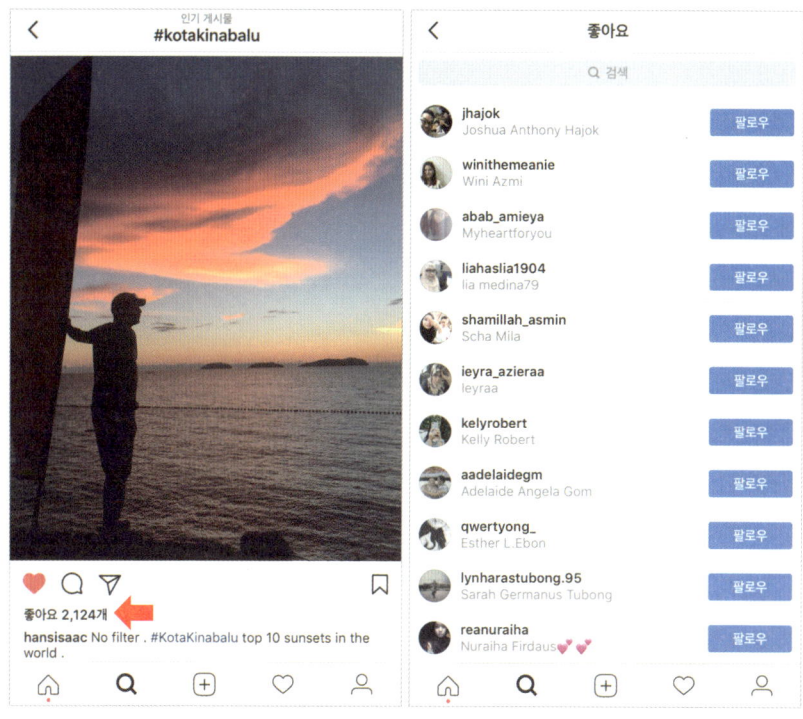

하트 모양 아래 '좋아요'의 개수를 누르면 누가 '좋아요'를 눌렀는지 볼 수 있다. '좋아요'를 누른 사람 일부를 먼저 팔로우하는 것도 타깃 마케팅에 효과적이다.

스트를 골라 선팔하면 된다.

 자, 그럼 여기서 전략적인 사고를 해보자. 선팔을 통해 누군가의 포스트에 '좋아요'를 누르고 계정을 팔로우했다고 하자. 그런데 그중 1명의 글에 1천 개 이상의 '좋아요'가 달려 있다면 어떻게 할 것인가? 그 포스팅에 '좋아요'를 누른 사람은 코타키나발루에 관심이 있거나 이미 여행을 다녀온 사람들인 경우가 많다. 타인의 포스팅에 후하게 '좋아요'를 눌러주는 사람은 그것이 습관으로 굳어 있을 가능성이 있다. 따라서 '좋아요'를 누른 사람들을 선팔하는 것도 자신의 팔로워 수를 늘리는 좋은 방법이다. 앞의 사진처럼 '좋아요'가 2,124개나 달려 있는 포스팅을 찾았다면 '좋아요'를 누른 사람을 살펴본 후 그들 중 일부를 먼저 팔로우하는 것도 타깃 마케팅에 효과적이다.

만일 화장품 쇼핑몰을 홍보하기 위해 인스타그램을 시작한 사람이 있다고 하자. 팔로워를 늘리고 싶다면 어떻게 하는 것이 효과적일까? 물론 맞팔도 중요하지만 조금만 생각해보면 답이 쉽게 나온다. 무작위로 해시태그 '#맞팔'을 검색해 팔로워를 늘리는 것보다 화장품에 관심이 많은 사람을 찾아 팔로우하는 것이 효과적일 것이다.

일단 해시태그 '#화장품'을 검색한다. 그리고 인기 게시물 중에서 '좋아요'가 많은 포스팅을 선택한다. 그리고 하트 모양 아래 '좋아요'의 개수를 클릭해 '좋아요'를 누른 이용자 리스트를 확인한다. 아마도 이들은 대다수가 화장품에 관심이 많을 것이다. 향후 화장품을 구매하는 사람일 가능성이 높기 때문에 이들을 팔로우하는 게 효과적이다. 이렇게 이용자를 선별해 맞팔하게 되면 향후 그들이 당신의 고객이 될 수 있다.

만일 어느 특정한 회사 제품을 판매하고자 할 경우에도 같은 방법으로 진행하면 된다. 구체적인 상품 이름을 해시태그로 검색해 상위에 노출된 게시물 중 '좋아요'가 많은 것을 찾고, 그 '좋아요'를 누른 사람들을 먼저 팔로우하는 것이다.

이벤트와 서포터즈 모집

맞팔과 선팔 외에 이벤트와 서포터즈 모집으로 팔로워 수를 늘릴 수 있다. 이벤트를 할 때는 다음의 내용을 포함하는 게 좋다.

- 이벤트 전체 내용을 담고 있는 정사각형의 이미지
- 이벤트 기간
- 이벤트 내용
- 당첨자 발표방법

그럼 하나씩 살펴보자. 정사각형의 이미지에는 '인스타그램 소문내기 이벤트' 등의 문구를 넣고 이벤트의 내용과 적절한 이미지를 포함시킨다. 그리고 이벤트 기간, 이벤트 내용, 당첨자 발표방법 등의 내용을 넣는 게 좋다. 왜냐하면 그 1장의 이미지에 이벤트의 모든 내용이 담겨 있어야 이용자들이 쉽게 호응하기 때문이다. 이벤트 기간은 2~3주간 진행하기도 하며, 짧게는 일주일만 진행하기도 한다.

이벤트 내용에는 무엇을 이벤트 경품으로 줄 것인지와 어떻게 응모해야 하는지 응모요령을 상세히 기술하는 게 좋다. 당첨자 발표는 몇 월 며칠 해당 인스타그램에 당첨자의 아이디를 공개한다고 하면 된다. 당첨을 확인하기 위해 재방문하기 때문이다. 경우에 따라서는 블로그와 연동해 당첨자 명단을 발표할 수도 있다. 이렇게 연동한다면 블로그와 인스타그램을 동시에 알리는 효과까지 있다.

다음의 이미지는 인스타그램 해시태그로 '#이벤트'를 검색했을 때 나오는 '좋아요'가 많은 포스팅 중 하나다. 정사각형 이미지 1장에 이벤트와 관련된 모든 내용을 담고 있으며 설명도 아주 충실하다. 인스타그램을 팔로우하고, 개인 인스타그램에 해당 이벤트 스크린샷 이미지를 업로드하고, 해시태그(#뱅네프생토노레, #29sthonore, #향수비누, #퍼퓸숍)를 생성하는 등

정사각형의 이미지에 이벤트 기간, 이벤트 내용, 당첨자 발표방법을 충실하게 담은 게시물

따라하기만 해도 이벤트에 응모가 가능하도록 했다. 이 방법 외에도 친구 소환 이벤트를 함께 진행할 수도 있다.

팔로워를 늘려주는 프로그램 활용

　필자는 프로그램을 사용하는 것은 권장하지 않는다. 자신의 노력 없이 프로그램으로 팔로워 수를 빠르게 늘리는 것은 어떤 허점이 있을까? 가장 큰 문제는 실제 활동을 하지 않는 유령회원이 팔로워에 포함될 가능성이 높다는 것이다. 인스타그램의 생명은 '좋아요'의 숫자다. 그런데 프로그램을 통해 구입한 팔로워는 나의 글에 '좋아요'를 누르지 않는다. 팔로워 수가 3만 명인데 포스팅한 글에 고작 10여 개의 '좋아요'가 달린다면 기분이 어떨까? 인스타그램은 공감과 소통이 실시간으로 빠르게 이뤄지는 SNS다. 따라서 조금 시간이 걸린다고 하더라도 꾸준하게 양질의 콘텐츠를 개발해 소통하는 것이 바람직하다.

인스타그램 팔로워를 늘리는 10계명

미국의 인터넷 신문 〈허핑턴포스트〉는 1백만 명이 넘는 팔로워를 거느린 인스타그램 스타들의 비밀 '팁'을 조사했다. 물론 가장 효과적인 방법은 엄청나게 포스팅을 많이 하는 것이다. 하지만 더 좋은 방법이 있다. 다음의 10계명을 세밀하게 연구하면 더 효과적으로 팔로워 수를 늘릴 수 있을 것이다. 아래는 〈허핑턴포스트〉 기사 내용의 일부를 재구성한 것이다.

- 타 SNS(블로그·카카오스토리·밴드·카페 등)로 인스타그램을 홍보해야 한다.
- 나만의 독특한 관점을 콘셉트로 선택한다.
- 내가 즐기고 좋아하는 것을 포스팅한다.
- 포스팅 주기를 조절해야 한다. 1시간에 1개 이상은 절대 포스팅하면 안 된다. 하루에 5개 정도가 가장 적절한 포스팅 수다.
- 포스팅하기 좋은 시간이 있다. 주중에는 출근 시간대인 아침 7시가 아주 적절한 시간이다.
- 주말에는 '좋아요'의 반응이 느리다. 그러니 3개 정도만 포스팅하는 게 좋다.
- 의무감에서 포스팅하느라 콘텐츠의 질이 떨어지는 것은 바람직하지 않다.

- 더 많은 팔로워를 만드는 것을 목표로 삼지 마라. 더 좋은 콘텐츠를 만드는 데 승부수를 던져라.
- 타인의 계정에 올라온 글에도 '좋아요'를 부지런히 눌러 소통하라.
- 트렌드를 잘 인지하고 포스팅하라. 사진과 동영상, 라이브방송의 적절한 배합을 염두에 두어라.

스토리텔링으로 승부하라!

SNS를 통한 스토리텔링은 매우 중요하다. 스토리텔링 마케팅이란 차별화된 브랜드의 콘셉트로 상품이나 서비스에 특색을 부여하고, 얽힌 이야기를 가공·포장해 홍보하는 것을 말한다. 일관된 느낌의 글을 지속적으로 쓰는 것도 차별화의 길을 걷고 있다고 할 수 있다. 이런 스토리텔링을 가장 필요로 하는 SNS는 블로그와 페이스북, 카카오스토리 등이다.

그럼 인스타그램은 어떨까? 많은 사람들이 인스타그램은 스토리에 충실하기보다 즉흥적인 사진 1장이나 짧은 동영상이면 충분하다고 생각한다. 하지만 오히려 스토리텔링으로 잘 무장된 인스타그램이 독자들에게 인기가 높다. 그래서일까? 요즘에는 인스타그램도 큐레이션을 통해 콘텐츠를 유통하고는 한다. 매일 일정한 시간에 포스팅을 하고, 포스팅 내용도 일관성 있으며, 사진도 눈에 띄는 것을 사용한다.

검색 시 상위노출을 좌우하는 스토리텔링

SNS를 통한 홍보 마케팅이라고 하면 대표적으로 떠오르는 분야가 맛집·펜션·카페 등이다. 이들은 소셜미디어를 통해 자신을 가장 효과적으로 알릴 수 있다. 당연히 자신의 직군과 비슷한 경쟁 업체들도 SNS를 통한 홍보 마케팅의 중요성을 인식하고 있다. 이들은 대부분 블로그로 자신의 업체를 홍보하며, 유용한 키워드로 검색 시 해당 업체가 상위노출 되는 것을 목표로 삼고 있다. 자신의 블로그의 영향력이 약할 경우 파워블로거들의 힘을 빌리기도 하며, 때로는 바이럴 마케팅 회사를 통해 자신의 업체가 상위노출 되도록 따로 비용을 지불하기도 한다. 대행사는 네이버 검색의 로직을 분석해 상위노출에 힘쓴다.

그런데 블로그에 스토리를 구성해 포스팅하려면 글과 다량의 사진이 적절히 조합되어야 한다. 글 쓰는 것에 부담을 느끼는 사람이라면 만만치 않은 작업이다. 그런 활동을 '사진 1장'으로 간단하게 표현할 수 있다면 얼마나 좋을까? 바로 인스타그램이 그것을 가능하게 해준다. 단순한 핵심 기능에 집중하는 인스타그램의 전략이 마케팅에 유효하게 작용하고 있는 것이다.

SNS를 스토리텔링 마케팅 채널로 활용하려면 각각의 SNS가 어떻게 사용되고 있는지 분석해볼 필요가 있다. 언론을 통해 밝혀진 대한민국의 SNS별 하루 평균 이용시간은 2016년의 경우 페이스북(33.6분), 인스타그램(30.3분), 카카오스토리(21.2분), 네이버 밴드(20.7분), 트위터(18.9분) 순으로 길었다. 인스타그램은 페이스북에 이어 2위를 차지하면서 사진 1장의 묘미를 과시하고 있다.

    SNS별 사용패턴을 분석한 자료에 따르면 인스타그램은 보통 취침 전(21~24시)에 가장 많이 이용된다고 한다. 이는 출근 시간대(6~9시)에 이용이 많은 페이스북이나 네이버 밴드와 차별화되는 요소다. 그런데 이런 SNS들 중에서 인스타그램의 성장세가 가장 두드러진다. 따라서 좀 더 유명해지고 싶거나 자신의 사업 아이템을 널리 알리고 싶은 마음이 있다면 인스타그램을 적극 활용해야 한다. 이때 중요한 것이 '콘셉트'다. 콘셉트를 일관성 있게 유지해 인스타그램을 활용할 것을 권장한다. 콘셉트는 스토리텔링에서 지향하고자 하는 바를 의미하기 때문에 매우 중요하다. 그래서 인스타그램의 스토리텔링은 '어떤 사진을 올릴 것인가?', '어떤 동영상을 올릴 것인가?', '얼마나 자주 라이브방송을 할 것인가?' 등의 자문으로 시작해야 한다.

이니스프리의 스토리텔링

    인스타그램에서의 스토리텔링을 공부하려면 대표적인 예를 찾아서 관찰하는 것이 중요하다. 화장품 브랜드로 유명한 이니스프리는 인스타그램을 아주 효율적으로 이용해 마케팅하는 업체다. 그들은 출시하는 제품의 이미지를 여러 가지 사물과 풍경에 적절히 배치해 보여준다. 그러다 보니 굳이 화장품에 관심이 없어도 사진이 마음에 들어서 구경하는 사용자들이 점점 늘어나게 됐고, 그렇게 자연스럽게 많이 노출되면서 브랜드에 대한 긍정적인 이미지가 소비자들에게 쌓이게 됐다. 추후 소비자가 화장품을 구매하려 할 때 먼저 머릿속에 떠오르는 브랜드가 될 것이다.

    다른 경쟁사들과 차별화된 '멋진 사진'으로 승부하는 이니스프리는 인스타그램을 가장 잘 이용하는 업체 중 하나로 종종 언급되고는 한다. 이니스프리는 양질의 포스팅으로 브랜드를 홍보한다.

다음 이미지에서 보는 바와 같이 이니스프리는 철저하게 스토리텔링을 하고 있다. 천연원료를 사용하는 친환경 업체라는 브랜드 이미지를 여러 가지 사물과 풍경 사진에 녹여낸 것이다. 현재 이니스프리는 약 34만 명의 팔로워를 확보하고 매 포스팅마다 6천~1만 개의 '좋아요'를 기록하고 있다.

이니스프리의 계정에서 동영상 하나가 눈길을 끈다. 'Real Jeju'라는 제목의 동영상은 친환경 자연주의 브랜드라는 스토리텔링의 극치를 보여주고 있다. 일본·중국·동남아의 팔로워들을 의식해서인지 제목은 영어

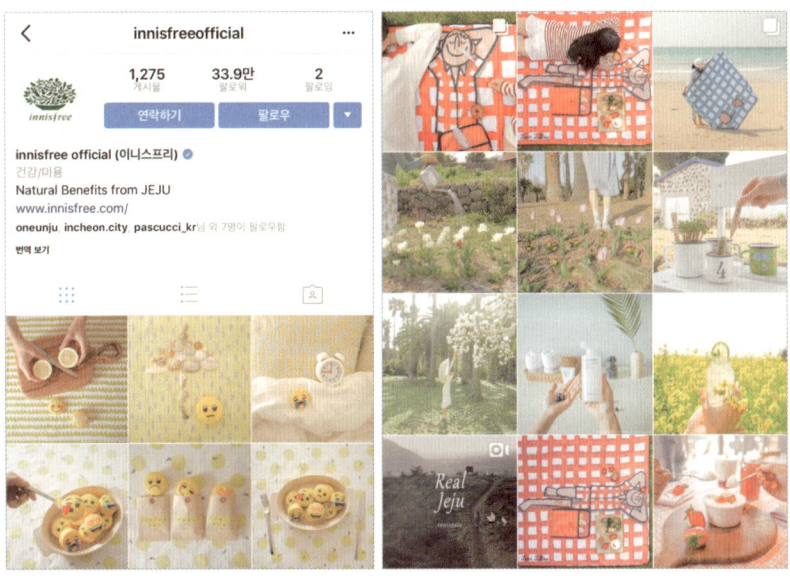

이니스프리는 여러 가지 사물과 풍경을 이용해 자신의 브랜드를 자연스럽게 노출시킨다.

로 썼지만 해시태그는 한글 외에도 영어와 중국어를 혼용했다. 그리고 제품 소개가 아니라 '한발 한발 오른 정상에서 하늘과 맞닿은 풍경 바라보기'라는 감성적이지만 임팩트 있는 글을 적었다. 조회수가 2만 4천 회를 훌쩍 뛰어넘는 이 동영상이 돋보이는 이유다.

다이소의 스토리텔링

각종 생활용품이나 디자인 제품들을 저렴한 가격에 판매하고 있는 다이소도 대표적인 스토리텔링 인스타그램이다. 다이소의 스토리텔링 기법은 조금 특이하다. 짧은 텍스트와 함께 일관되게 다이소에서 판매하는 제품을 사진으로 선보이고 있다. 자사의 제품을 소개하는 짧막한 글에는

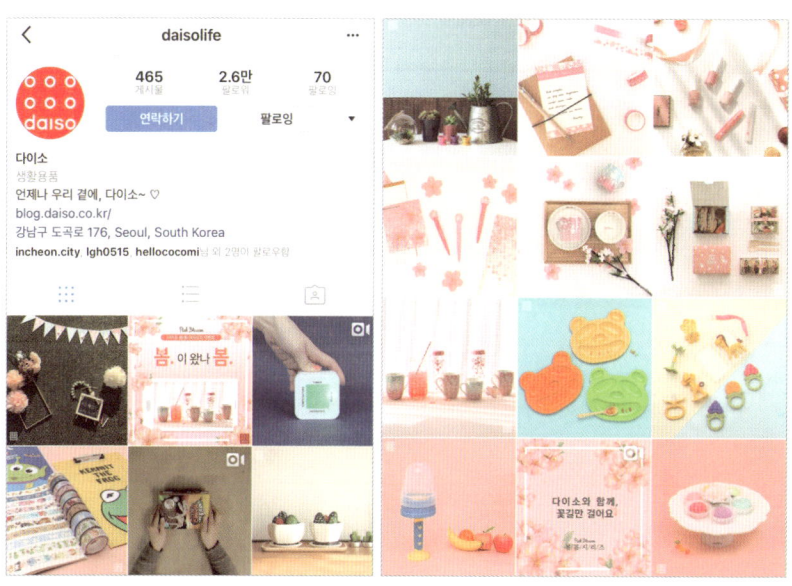

다이소는 최근 '봄'을 주제로 스토리텔링을 기획했다.

다이소의 '봄. 이 왔나 봄.' 이벤트 포스팅

가격과 자세한 정보가 담겨 있다. 다이소에서 판매하는 제품들로 꾸며진 사진들을 업로드해서 올리기 때문에 '직접 매장에 가서 보고 싶다'는 생각을 들게 만든다. 그래서 평범해 보이는 제품들이 사진에서 전혀 다른 이미지로 부각되기도 한다.

  이벤트도 재미있게 하고 있다. 이벤트의 제목은 '봄. 이 왔나 봄.'이다. 다이소 봄 신상품 봄봄시리즈 출시를 알리는 이벤트를 진행한 것이다. 평범해 보이는 제품들을 '봄'이라는 콘셉트에 한데 묶어 소비 욕구를 부추긴 것이다. 개인 계정에서 봄봄시리즈 인증샷과 해시태그, 친구소환을 하면 된다. 이벤트의 해시태그는 '#다이소', '#이벤트', '#봄봄시리즈', '#다이소봄봄' 이렇게 달랑 4개다. 해시태그가 5개 미만일 때 가장 효과적이라는 마케터들의 조언을 따른 것이라고 여겨진다.

인스타그램도 이제 스토리텔링 마케팅이다

바야흐로 SNS도 스토레텔링의 시대가 되었으며, 인스타그램도 예외는 아니다. 불특정 다수의 사람들에 의해 무수히 생성되는 소셜미디어 콘텐츠 중에서 내가 만든 콘텐츠를 기억해달라고 설득하려면 어떻게 해야 할까? 그 비법은 앞의 예에서 보듯이 스토리텔링에 있다. 사진 1장, 동영상 10초로 꾸민 이야기 1편이 수백 자의 게시글보다 효과적이다. 왜 그럴까? 수많은 정보의 홍수 속에서 사람들이 글을 읽지 않고 '스캔'하기 때문이다.

인스타그램 스토리텔링의 중심에는 사진과 동영상이 있다. 텍스트, 즉 글은 나중에 등장해서 살을 붙이는 수준에 그쳐야 한다. 텍스트 콘텐츠가 득세하던 시기는 저물고 비주얼 콘텐츠 생산자의 시대가 성큼 다가온 것이다. 인스타그램은 우리에게 새로운 '스마트 스토리텔링 시대'가 열렸음을 알려

사진 몇 장과 재치 있는 짧은 텍스트만으로 큰 호응을 얻은 에뛰드하우스의 포스팅

블랙야크 공식 계정에 올라온 사진들. 제품 사진보다 다양한 콘텐츠가 돋보인다.

주고 있다. 블로그를 통해 소통할 때는 무턱대고 글을 써놓고 나중에 삽입할 사진이나 그림을 한두 개 끼우는 방식이었는데, 이제 주객이 전도됐다. 스토리텔링을 통해 고객의 반응을 이끌어내야 한다.

인스타그램의 스토리텔링이 주목받는 이유는 '파도타기'를 통한 입소문 마케팅에 효과적이기 때문이다. 파도타기란 자신이 팔로워하는 사람을 통해 다른 사람의 인스타그램을 방문하는 방식을 말한다. 이용자들은 색감이 예쁜 여행 사진이나 독특한 사진을 발견하면 팔로잉을 누르게 된다. 제주도 맛집 방문 사진이나 아름다운 풍경 사진 등 나중에 다시 봐도 좋을 사진을 보면 '누군지 몰라도 사진을 예쁘게 찍고, 맛있는 식당도 많이 다니는 사람이구나'라고 생각한다. 하지만 사진을 클릭하고 들어가면 화장품 회사나 패션 업체의 브랜드 홍보용 SNS인 경우가 종종 있다.

이에 따라 최근에는 패션·뷰티 업계가 인스타그램을 통한 스토리텔링 마케팅을 강화하고 있다. 단순히 신제품을 공개하거나 세일 정보를 게재하는 것을 넘어 인스타그램을 브랜드의 정체성을 전달하는 '스토리텔링'의 플랫폼으로 활용하는 것이다. 기업 홍보용이 아닌 마치 개인이 운영하는 SNS인 것처럼 보이지만 '은근슬쩍' 브랜드를 홍보하는 것이 디지털 스토리텔링의 전형적인 방법이다. 이들은 제품의 광고컷이나 모델의 화보를 인스타그램에 거의 올리지 않는다. 그리고 일관성을 유지하기 위해 사진이나 동영상의 색감을 비슷한 분위기로 연출하기도 한다.

　아웃도어 브랜드 블랙야크의 공식 인스타그램은 캠핑요리 동영상, 롱보드 댄싱 동영상 등 다양한 콘텐츠로 가득하다. 다양한 제품군의 사진을 포스팅하는 게 홍보에 도움이 되지 않을까 하고 생각할 수 있으나 기업의 홍보 냄새가 물씬 풍기는 계정은 팔로우하지 않는 것이 요즘의 추세다. 제품 홍보보다는 브랜드가 추구하는 젊고 활동적인 이미지를 구축하는 데 집중한 블랙야크는 브랜드 모델인 배우 신세경의 화보 촬영 현장을 동영상으로 공개하기도 한다. 완성된 화보컷만 보여주던 과거의 이미지가 아니라 그 과정에서의 다양함을 전달하고자 하는 것이다.

　이처럼 패션·뷰티 업체들이 SNS를 제품 광고가 아닌 브랜드의 스토리를 이야기하는 플랫폼으로 사용하기 시작한 이유는 콘텐츠가 흥미로워야 마케팅 효과가 있기 때문이다. 소비자들은 이미 익숙한 기존의 제품 홍보를 SNS에서 또 만나고 싶어하지 않는다. 스토리가 넘치는 활력 있는 채널을 찾아가 거기서 머물며 다양한 생각을 이어가는 것이다.

고객에게 강요하는 마케팅은 끝났다

　소셜미디어를 통한 소통은 다양한 계층의 다양한 사람들이 그 대상이라는 것을 염두에 둬야 한다. 인스타그램의 특징 중 하나는 비주얼 스토리텔링의 선두주자라는 것이다. 하고 싶은 말이 많아도 요점을 잘 정리해서 표현하는 것이 사랑을 받는 글이라면, 인스타그램의 비주얼 스토리텔링은 감성을 자극하는 1장의 사진으로 표현되는 예술이다. 작은 스토리들이 각자 독립적으로 표현되며 전체의 큰 흐름에서 스토리텔링을 구성하도록 큐레이션하는 것이 필요하다.

당신의 생각과 아이디어를 어떻게 고객과 나눌 것인지를 고민하고 전체적인 줄거리를 구성해보자. 당신의 팔로워들이 온라인 고객이 되어 당신이 그림 1장으로 말하기를 기다린다고 상상해보자. 당신은 수많은 온라인 고객들 앞에서 그림 1장으로 강의를 시작하는 강사의 입장이 되는 것이다.

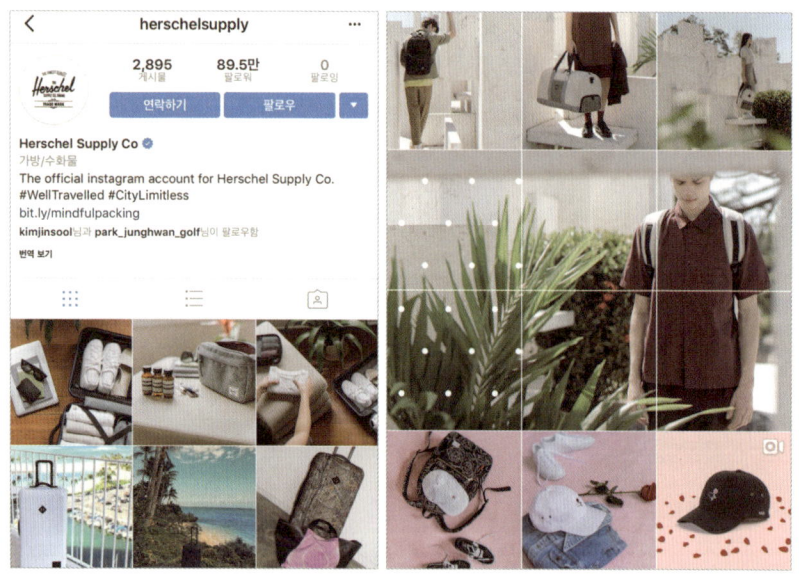

허쉘 서플라이는 고객이 주인공이 되는 이벤트를 기획했다.

이제 마케팅은 더 이상 당신이 만드는 제품을 고객들이 보도록 강요하는 것이 아니고, 당신이 말하고자 하는 스토리를 재미있게 보도록 유도하는 것이 되었다.

자신의 브랜드를 스토리텔링으로 높이는 방법 중 하나는 당신의 팬들이 올린 사진들을 포스팅해 그들이 주인공이 되도록 하는 것이다. 글로벌 액세서리 브랜드 허쉘 서플라이(Herschel Supply)는 '#WellTravelled'라는 해시태그를 통해 그들의 제품과 함께 찍은 여행 관련 사진들로 인스타그램을 구성하고 있다. 그럼으로써 고객들은 자신이 주인공이 되는 만족감을 느끼게 된다. 여기에 약간의 경품을 제공할 경우 고객들의 참여는 더욱 증가한다. 그리고 앞의 이미지에서 보는 바와 같이 때로 6장 또는 9장의 사진을 연결해 하나의 이미지가 되도록 표현하는 것도 눈길을 끄는 유용한 방법이다.

인기 있는 포스팅 콘텐츠 만들기

왜 인스타그램을 하게 되었는지 스스로에게 질문해보자. 만일 인스타그램으로 브랜딩을 하겠다고 생각했다면 '인기 있는 포스팅 콘텐츠'를 만들기 위해 노력해야 한다. 하지만 인스타그램은 여타 SNS와 구분되는 특징들이 있다. 이를 간과하면 브랜딩을 효과적으로 구축하는 데 어려움을 겪게 된다. 인기 있는 포스팅 콘텐츠를 만들기 위한 7단계를 살펴보자.

1단계 : 나만의 전략을 세운다

우선 '나는 왜 인스타그램을 하고자 하는가?'라는 질문을 하고 그에 해당하는 답을 브레인스토밍으로 기록해보자. '판매촉진', '브랜드 구축', '경쟁우위' 등 모든 단어를 열거하자.

인스타그램의 포스팅 전략을 세울 때는 단기 운영기간과 중기 운영기

페이스북과 트위터, 텀블러는 인스타그램 포스팅이 연동되는 대표적인 SNS다.

간에 따른 목표를 설정하는 것이 바람직하다. 예를 들어 1개월, 3개월, 혹은 6개월 동안 무엇을 포스팅할 것인지 큐레이션을 해보는 것이 좋다. 특히 인스타그램은 콘텐츠 내에 외부링크를 다는 것을 허용하지 않기 때문에 자신의 블로그와 카페 등으로 직접적인 연동이 불가능하다는 것도 기억해둬야 한다. 다만 몇몇 SNS는 인스타그램 포스팅을 외부(해당 플랫폼)로 연동할 수 있게 해주는데 페이스북·트위터·텀블러 등이 대표적이다. 그 외에 이메일과 링크 복사 등의 방법이 있다.

따라서 최종적으로 페이스북 등 외부로 재방문을 유도하는 것이 목표인지, 나의 브랜드 이미지를 각인시키는 게 목표인지, 해시태그는 어떤 것을 중점적으로 사용할 것인지 등의 전략을 미리 세워야 한다.

2단계 : 나의 경쟁자가 누구인지 명확히 한다

코카콜라의 경쟁자는 펩시콜라가 아니라 미네랄워터를 판매하는 업체들이라는 발상의 전환은 유명한 일화다. 실제로 제4차 산업혁명의 시대에 진입하면서부터 전문 업종 간의 장벽이 허물어지기 시작했다. 현대자동차의 경쟁자는 도요타가 아니라 구글이라는 말을 이해하면 될 것이다. 미래의 자동차는 전기로 작동하는 자율자동차가 될 것이라고 판단한 구글은 IT기업의 이미지를 벗어나 자율자동차 분야의 선두주자가 되었다. 기업군을 넘나드는 이런 변혁의 시기에 나의 경쟁자를 분명히 하는 것은 매우 중요하다.

사전에 경쟁자를 파악하고 그에 대한 대책을 준비한다면 최소한 열심히 전진하다 유턴하는 일은 없을 것이다. '인기 있는 포스팅 콘텐츠 만들기'의 핵심은 속도가 아니라 방향이다. 올바른 방향을 설정하려면 경쟁자를 명확하게 정해야 한다. 아마도 당신은 후발주자일 수 있다. 앞서가는 업체는 시장을 선점할 수 있다는 장점이 있지만 후발주자는 앞서간 경쟁자의 성공과 실패사례를 습득해 빠르게 쫓아갈 수 있다는 장점이 있다. 경쟁사의 인스타그램 계정을 수십 번이고 세밀하게 분석해보자. 그리고 우리가 세운 전략과 겹치는 점은 없는지, 고객들이 그 콘텐츠에 어떻게 반응하는지 분석해보면 자신이 구축하고자 하는 인스타그램의 방향 설정에 도움이 된다. 고객들이 어떤 콘텐츠에 환호했고 어떤 콘텐츠에 반응이 적었는지 하나씩 분석해보면서 스스로 익혀야 한다.

3단계 : 우리 계정의 메인테마를 정하자

전략을 세우고 방향이 정해졌다면 이것저것 갈무리하는 방법보다는 고객들의 호응을 얻기 쉬운 차별화된 테마를 정하는 것이 좋다. 테마에 맞는 프로필 이미지와 이미지들의 콘셉트 및 컬러톤이 확정되면 고객들이 즉각적으로 반응하도록 큐레이션을 해야 한다.

고객들이 자발적으로 우리 제품과 서비스를 사용하고 사진을 찍어 올리도록 해시태그 전략을 세워보는 것이 어떨까? 고객은 마치 테마파크에 와 있는 것처럼 자유롭게 당신이 구축한 테마 안에서 즐거운 시간을 보내게 될 것이다. 따라서 정해진 테마를 해시태그로 묶는 작업은 매우 중요한 일이다.

자신의 브랜드가 이제 막 생겼거나 오래 됐다고 하더라도 잘 알려지지 않았다면 테마의 설정이 더욱 중요하다. 만일 눈에 띄는 브랜드 계정에 들어갔는데 이미지들이 중구난방이라면 이용자는 바로 팔로우를 취소하고 다른 곳으로 이동하게 될 것이다. 이용자를 잠재고객으로 잡아두기 위해서는 더 좋은 양질의 테마를 일관성 있게 지속적으로 운영하는 끈기가 필요하다.

계정의 메인테마를 잘 설정한 업체로는 다니엘웰링턴(Daniel Wellington)이 있다. 이들은 인스타그램에 자신의 제품을 소개한 브로슈어의 이미지

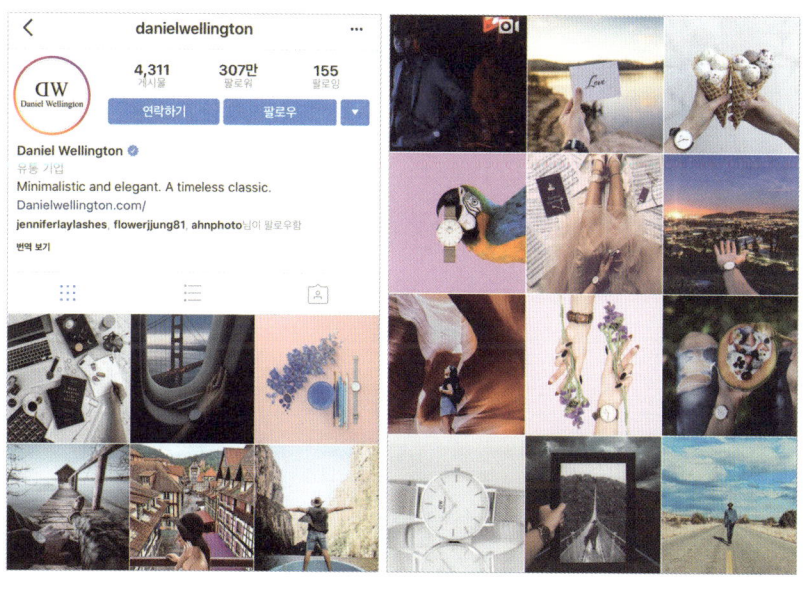

다니엘웰링턴은 고객들이 등록한 이미지를 포스팅에 적극적으로 활용한다.

컷을 등록할 때도 있지만, 대개의 경우 고객들이 등록한 이미지를 활용한다. 이를 통해 고객들과 소통하며 열렬한 지지층을 확보하는 것이다.

전 세계 어느 도시에서든 만날 수 있다는 테마를 정해 자신들이 생산하는 시계의 단순함이 각 도시의 일상에 모두 잘 어우러진다는 것을 역설적으로 설명한다. 고객들은 타인의 이미지가 다니엘웰링턴 공식 계정에 등록된 것을 부러워하며 어떻게 하면 자신의 사진이 등록될 수 있을지 고민한다. 이를 통해 고객 스스로 브랜드를 학습하게 되는 효과도 있다.

4단계 : 창의적인 해시태그를 만들어라

불특정 다수에게 검색을 통해 나의 이미지가 노출되도록 하려면 어떻게 해야 할까? 이용자들이 많이 사용하는 인기 해시태그를 활용하는 것도 하나의 방법이지만, 나만의 독특한 해시태그를 만들어 유통해 고객들과 여러 인스타그래머들이 활용할 수 있게 한다면 더 큰 효과를 거둘 수 있을 것이다.

만일 나만의 해시태그를 만들었는데 1천 개 이상의 사진들이 검색된다면 일단 대성공이다. 이 새로운 해시태그 중 나의 제품과 서비스를 알리는 것이 최소한 1개는 상단노출(인기 게시물 9개 안에 포함되는 것) 되도록 노력해야 한다.

이를 통해 고객들에게 나의 브랜드를 어필하고 그들과 함께 즐기며 놀 수 있는 공간이 SNS에 생기는 것이다. 창의적인 해시태그는 한글과 영어를 각각 생각해두도록 하자. 그래야 외국인 이용자가 많은 인스타그램의 이점을 최대한 살릴 수 있기 때문이다.

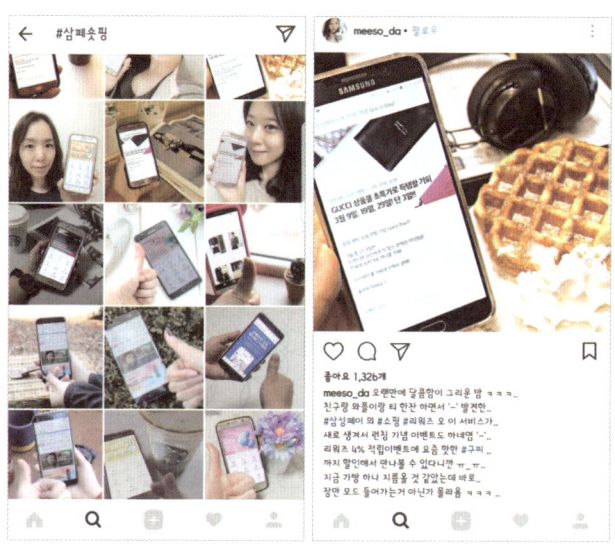

인스타그램에서 '#삼페숏핑'을 검색한 결과(왼쪽)와 포스팅(오른쪽). 삼성페이는 재치 있는 해시태그로 소비자들의 호응을 얻었다.

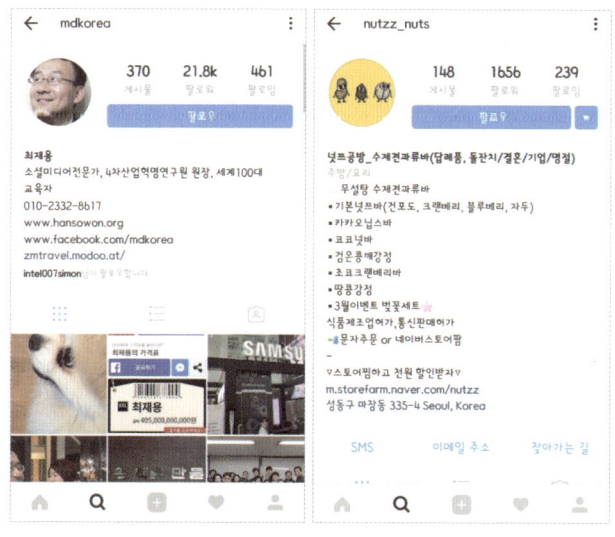

자신의 다른 채널로 팔로워들을 유도하고 있는 인스타그램 계정들. SNS 채널은 홍보용 도구다.

5단계 : 한눈에 반하는 사진을 올려라

단순히 예쁜 사진만을 올리는 것은 바람직하지 않다. 독특하고 매력적이며 브랜드의 개성이 돋보이는 일관성 있는 톤의 사진들로 구성하는 것이 키포인트다. 특히 인스타그램은 수많은 말보다 단 한 컷의 사진으로 승부수를 던지는 묘수가 필요하다. 방법은 바로 일관성 있는 스토리와 톤을 담고 있는 사진들을 활용하는 것이다.

인스타그램의 사진은 그 사진을 보는 독자들의 가슴을 적시는 매력이 있어야 한다. 잔잔한 감동의 스토리를 사진 1장에 담아내는 노력을 하다 보면 어느새 당신은 인기 있는 포스팅 콘텐츠 만들기의 달인이 되어 있을 것이다.

6단계 : SNS 채널은 홍보용 도구다

페이스북에 있는 기능이 인스타그램에서는 없는 경우가 많다. 누군가를 태그하면 그 사람의 계정이나 피드에 노출되는 페이스북과 다르기 때문에, 인스타그램은 해당 콘텐츠를 전달하기 위해 다양한 SNS 채널을 활용하는 것이 필수다.

홍보를 위해서는 블로그·홈페이지·페이스북·트위터 등을 통해 계정의 존재를 알리고 포스팅 내용을 전달하는 것이 필요한데, 이때 페이스북과 트위터는 아주 강력한 도구가 된다. 사진과 텍스트를 작성해 포스팅을 완료한 후 페이스북·트위터·텀블러·플리커 등에 연동이 가능한데, 특히 페이스북과 트위터는 동시에 포스팅이 가능하다. 필자의 경우 텀블러·플리커 계정이 있기는 하지만 활발하게 활용하지 않아서 대부분 페이스북과 트위터를 통해 SNS 연동을 하고는 한다.

7단계 : 자신의 계정을 주기적으로 분석하라

내 콘텐츠의 영향력이 어느 정도인지 또 어떤 사람들이 방문하는지 분석하는 것은 매우 중요한 일이다. 요즘은 유료로 분석을 해주는 툴도 등장했다.

유료 툴을 사용하지 않고 자신의 계정을 간단하게 분석해보려면 어떻게 해야 할까? 필자의 인스타그램 계정으로 한 번 살펴보자. 오른쪽 상단에 있는 막대그래프 모양을 클릭하면 인스타그램에서 제공하는 간단한 통계를 볼 수 있다. 이를 통해 지난주 대비 노출 수가 증가했는지 감소했는지 알 수 있으며, 인기 게시물을 순서대로 보여주기도 한다. 또 자신의 팔로워들을 개략적으로 보여준다. 지난주 대비 팔로워 수는 얼마나 증감했는지, 팔로워의 성별 구성은 어떻게 되는지, 연령대의 분포는 어떠한지, 인기는 어느 정도인지, 어느 시간대에 방문자가 많은지 등을 한눈에 알 수 있어 유용하다.

다음의 도표는 필자의 팔로워 분석을 보여주는 자료 화면의 일부다. 이를 토대로 포스팅할 내용을 다시 검토하며 다각도로 고민을 하게 된다. 명심하자. 분석 없이 마구 포스팅하는 것은 전혀 도움이 되지 않는다. 주기적으로 자신의 계정을 분석하도록 하자.

홈화면 오른쪽 상단의 막대그래프를 누르면 간단한 통계를 볼 수 있다.

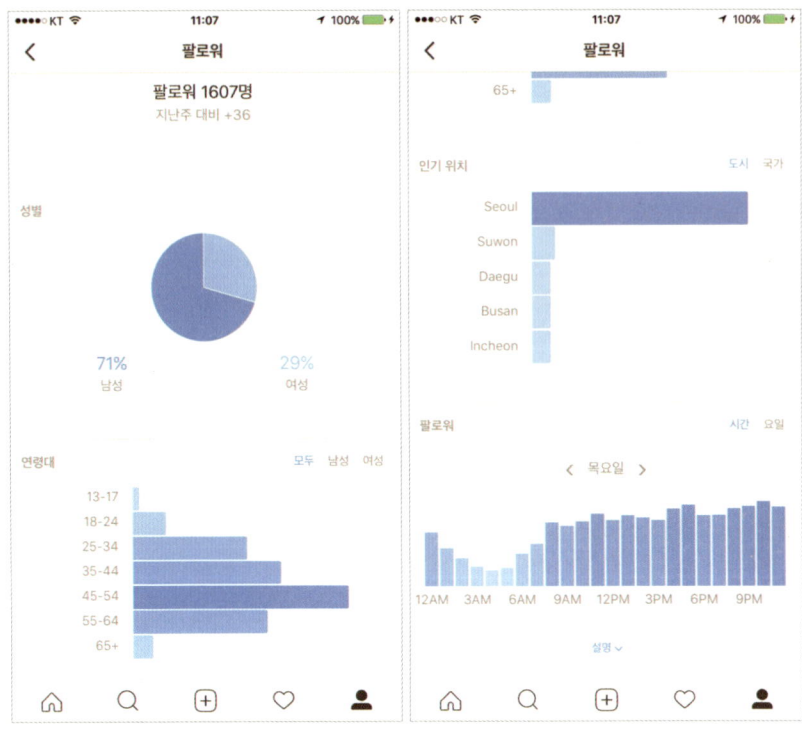

인스타그램은 자체적으로 해당 계정의 분석 자료를 정리해 보여준다.

인스타그램 이벤트로 끊임없이 교류하자

앞에서도 잠시 언급을 했지만, 인스타그램은 이벤트를 통해 다양하게 소통할 수 있으며 새로운 팔로워를 확보할 수 있다. 인스타그램 이벤트를 하기 전에 먼저 다른 사람들은 어떻게 이벤트를 하는지 살펴볼 필요가 있다.

해시태그를 검색해보면, '#이벤트'의 게시물은 무려 170만 개를 돌파한 상태다. 뒤를 이어 '#이벤트응모'는 약 1만 개의 게시물이

인스타그램에서 '#이벤트'를 검색한 결과

있다. 이렇게 이벤트 관련 글들을 면밀히 분석해 어떤 내용의 사진을 사용하는지, 또 어떻게 글을 구성하는지 벤치마킹할 필요가 있다.

브랜드 계정은 상위노출과 소비자와의 원활한 소통을 위해 이벤트를 종종 진행하는데, 이렇게 이벤트를 잘 활용하면 소기의 목적을 달성할 수 있다. 인스타그램 이벤트를 하려면 먼저 인스타그램이 이미지 기반의 채널로 사진과 태그를 통해 고객에게 다가간다는 것을 명심해야 한다. 인스타그램 이벤트 유형을 살펴보면서 나만의 이벤트를 구상해보자.

친구소환 이벤트

친구소환 이벤트는 새로 계정을 오픈했거나, 그동안 사용이 뜸했는데 본격적으로 인스타그램 계정을 활성화시키려고 할 때 많이 사용한다. 팔로워 수를 효과적으로 늘릴 수 있는 좋은 방법 중 하나다. 해당 브랜드 계정을 팔로우하고 댓글을 쓸 때 친구를 소환하라고 언급하는 것이 보편적인 방법이다. 친구를 소환해서 그들과 함께 이벤트에 참여하도록 유도하는 형태인데, 가장 쉬운 방법이므로 응모율도 높고 실질적인 효과도 상당한 편이다.

탐앤탐스에서 진행했던 친구소환 이벤트

커피 전문점 브랜드인 탐앤탐스의 친구소환 이벤트를 살펴보자. 좋아요 400여 개가 달렸는데 '코코넛 워터 레볼루션' 출시 이벤트로서 시원한 코코넛 워터 레볼루션을 함께 즐기고 싶은 친구를 소환하면 상품 1만 원권을 5명에게 주겠다는 내용이다. 이 이벤트에 대한 해시태그는 '#핑크코코넛워터자몽', '#블루코코넛워터블루큐라소', '#탐앤탐스', '#탐탐', '#TOMNTOMS'다. 단지 5개의 해시태그만 전략적으로 사용한 흔적이 보인다.

다음의 이미지는 '#탐앤탐스' 해시태그와 '#탐탐' 해시태그를 검색 시

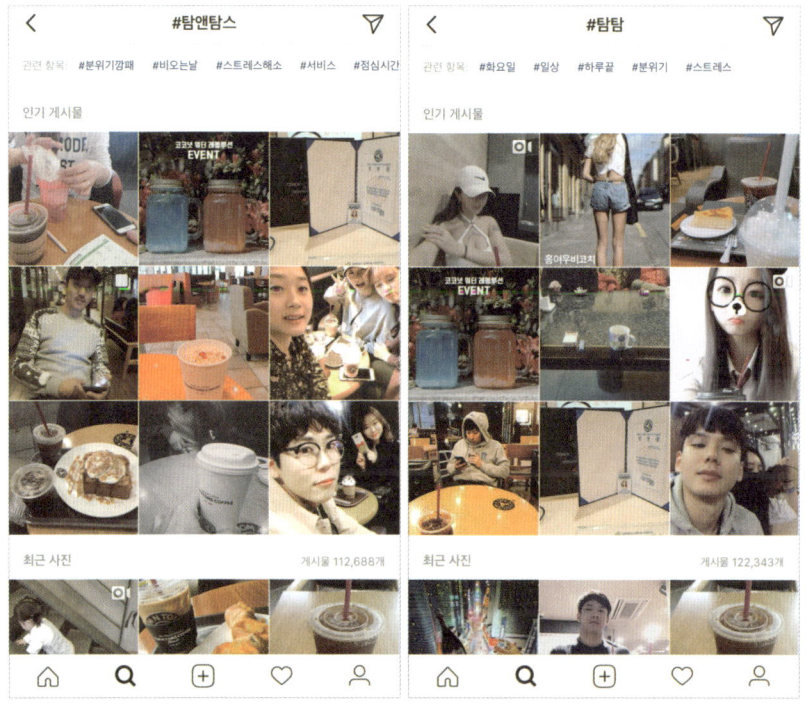

친구소환 이벤트의 효과로 '#탐앤탐스'와 '#탐탐'의 게시글은 10만 개를 훌쩍 넘고 있다.

등장하는 게시글들이다. 모두 10만 개를 훌쩍 뛰어넘고 있다. 이는 꾸준하게 해시태그 마케팅을 해온 결과라고 판단된다. 이처럼 가장 쉬운 친구 소환 이벤트를 통해 많은 사람들이 나의 브랜드를 접하고 소통을 통해 관심도를 높이는 것이 인스타그램의 묘미다. 탐앤탐스가 이 이벤트를 진행하는 데 투자한 금액은 상품 5만 원권이 전부였다.

댓글 이벤트

인스타그램의 경우에는 이미지에 홍보하는 분위기가 강하면 '좋아요'나 댓글이 잘 달리지 않는 경향이 있다. 이럴 경우 계정 활성화를 위해 댓글 이벤트를 진행하게 된다. 댓글 이벤트를 통해 많은 이용자가 유입되며, 브랜드를 알리는 데 도움이 되기도 한다.

인스타그램 검색창에서 해시태그 '#댓글이벤트'를 검색 시 약 9천 개의 게시글이 노출되고 있으며, '#댓글'의 경우에는 약 388만 개의 글이 올라오고 있다. '#댓글'보다 '#댓글이벤트'가 더 정확한 타깃팅을 할 수 있기 때문에 그중에서 상위노출에 등장한 게시물 하나를 골라보았다. 퓨어힐스

퓨어힐스에서 진행한 댓글 이벤트

(PureHeals)에서 포스팅한 글에는 638개의 '좋아요'가 달려 있는데 일주일간 진행한 이벤트였다.

'이 제품은 얼굴 중 어느 부위의 주름을 케어해주는 제품일까요?'라는 질문을 던져 댓글로 답변을 유도하고 있다. 정답을 댓글과 함께 리그램을 해주면 5명을 추첨해 해당 제품을 증정하겠다는 내용이다. 여기서 리그램이란 포스팅된 내용을 자신의 인스타그램 계정으로 가지고 가는 것을 의미한다. 이 경우 리포스트를 스마트폰에 먼저 설치하고 작업을 하면 된다.

해시태그 이벤트

브랜드를 더 많이 알리고 싶을 때 주제와 목적에 맞는 사진을 올리고 관련 해시태그를 함께 발행하도록 하는 이벤트다. 다양한 층의 고객들에게 브랜드 캠페인이 더 많이 노출되기 때문에 짧은 시간에 큰 효과를 볼 수 있다. 인스타그램 계정을 오픈했거나 신제품을 출시했을 때 활용하면 좋다.

그런데 이 이벤트는 브랜드의 인지도가 어느 정도 있을 때 효과가 극대화되며, 브랜드 인지도가 높지 않다면 효과적이지 않을 수

설빙에서 진행한 해시태그 이벤트

있다. '#해시태그이벤트'를 인스타그램 검색창에서 검색하면 약 1만 4천 개의 게시글이 올라와 있다. 그중에서 '좋아요'가 많은 포스팅들을 열어서 분석해보면 자신만의 이벤트를 만드는 데 도움을 받을 수 있다.

가장 좋은 방법 중 하나는 자신의 제품이나 서비스를 고객들이 이용하게 하고, 사진을 계정에 올릴 때 해시태그를 사용하도록 하는 것이다. 이를 통해 다양한 계층의 사람들이 자연스럽게 당신의 브랜드를 언급하게 된다. 내가 직접 말하지 말고 고객이 먼저 내 브랜드를 말하게 하라. 인스타그램 마케팅 시 꼭 명심해야 할 사항이다.

해시태그 이벤트를 진행할 때는 '#이벤트', '#이벤트그램', '#인스타이벤트' 등의 해시태그를 사용하는 게 바람직하다.

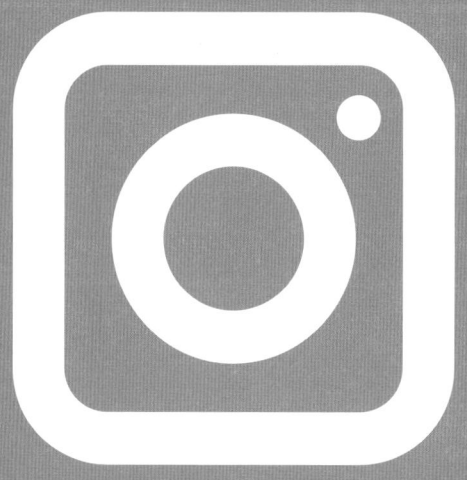

Part 4

인스타그램 및 페이스북 광고 활용하기

페이스북 광고는 인스타그램과 연동되어 있을 경우 더 큰 시너지 효과를 발휘한다. 인스타그램 광고와 함께 타깃이 되는 연령층과 지역을 선정해 효율적으로 진행해보자.

타깃 마케팅의 시작, 페이스북 광고

인스타그램은 페이스북에 합병됐지만 여전히 독립 플랫폼을 유지하고 있다. 이렇게 한 지붕 두 식구인 인스타그램과 페이스북은 서로 길은 달라도 같은 방향을 향해 가고 있다. 두 회사가 가지고 있는 고객 정보를 공유하게 되면서 가장 빛을 발하는 분야는 광고일 것이다. 이런 이유로 페이스북과 인스타그램을 통한 타깃 광고는 여타 광고보다 더 효과적이며, 다른 플랫폼과 비교했을 때 광고의 도달 범위가 같은 비용 대비 가장 뛰어난 것으로 판단되고 있다.

페이스북 페이지의 '팔로워'를 늘리는 일은 인스타그램에서 '좋아요' 숫자를 늘리는 것만큼 어렵다. 그래서 페이지를 알리거나 비즈니스 목적으로 자신의 제품이나 서비스를 알리기 위해 페이스북 광고를 활용하기도 한다. 이왕 비용을 들여 광고를 하는 것이라면 더 효율적으로 활용할 수 있는 방법이 필요하다. 전문가들이 조언하는 페이스북 광고에 유용한 팁들을 모아보았다.

1. 공유하고 싶은 내용으로 만들자

페이스북 광고를 보고 '정말 유용한 정보구나'라고 생각해 사람들이 자신의 타임라인에 공유한다면 좋은 콘텐츠라고 할 수 있다. 그러니 대놓고 제품과 서비스를 드러내기보다는 브랜드 이미지 구축을 위해 페이스북 광고를 우회해 활용하는 것이 좋다.

광고에서 흔히 쓰이는 밝게 웃고 있는 여성의 이미지와 파안대소하는 가족의 이미지, 빙그레 웃고 있는 어린아이의 이미지는 공통점이 있다. 바로 행복한 모습이라는 것이다. 페이스북 광고는 텔레비전 광고처럼 직설적이지 않고 우회적으로 내용을 드러낼 때 더 많은 호응을 얻게 된다. 단순한 제품 광고의 틀을 벗어나 그 제품을 사용하고 있는 사람들의 행복한 모습을 보여준다면 광고를 접하는 소비자들에게 큰 공감을 불러일으킬 것이다.

이렇게 누군가의 타임라인에 광고가 공유되면 그 사람의 가족이나 친구들의 소식과 경쟁을 하게 되고, 거기에서 주목을 이끌어내야 한다는 것을 명심하자. 결국 내가 하고 싶은 내용을 장황하게 설명하기보다 누군가 듣고 싶은 이야기를 일목요연하게 표현하는 것이 필요하다.

2. 전환추적을 최적화하자

페이스북의 광고주 지원 센터(www.facebook.com/business/help)에는 유용한 정보들이 많이 있는데, 'DR(직접 반응) 및 브랜드 광고'의 'DR 광고(직

페이스북 광고주 지원 센터에서는 페이스북 픽셀에 대한 설명 이외에도 다양한 정보를 얻을 수 있다.

접 반응)'로 들어가면 페이스북 픽셀에 대한 설명이 있다. 페이스북 픽셀을 통해 사용자는 전환을 추적하고, 타깃을 구축하고, 웹사이트 이용자에 대한 풍부한 인사이트를 얻을 수 있다.

전환추적 최적화를 통해서 기기 간 전환 측정이 가능하고(고객이 전환하기까지 어떤 기기를 어떻게 사용했는지를 확인할 수 있음), 행동을 취할 가능성이 높은 사람에 대한 최적화를 할 수 있고(구매 행동을 취할 가능성이 높은 사람에게 광고를 표시함), 리타깃팅을 위해 웹사이트를 방문하는 방문자에 대한 타깃을 자동으로 구축할 수 있으며(제품 페이지 방문, 장바구니 추가, 제품 구매 등 웹사이트에서 특정 행동을 취하는 사람들에 대한 맞춤 타깃을 만듦), 유사 타깃을 만들 수 있다(최상의 고객과 비슷한 사람을 더 많이 찾음).

3. 타깃 고객의 설정에 예민하라

네이버에 가입할 때는 생일이 언제고, 어느 학교를 나왔으며, 어느 회사를 다녔고, 어느 단체에서 활동을 했는지 구체적으로 질문하지 않는다. 하지만 페이스북은 이런 정보를 이용자들이 자발적으로 자신의 담벼락에 올리도록 유도하고 있다. 이는 페이스북에서 일정 타깃을 정해 광고를 할 수 있는 이유이기도 하다.

타깃 고객을 설정할 때 페이스북 광고 시스템은 당신에게 광고하기 원하는 지역과 남녀의 구분, 원하는 연령층 등을 질문하게 되는데 이를 통해 효과적인 광고를 이끌어낼 수 있다. 종종 비용을 절감하기 위해 타깃 고객을 아주 좁게 설정하는 경우가 있다. 그러나 이는 의외로 광고의 효과가 떨어질 수 있다. 내가 생각하는 범위 밖에 있는 사람들도 광고를 충분히 즐길 수 있기 때문이다. 타깃 고객을 자신의 생각보다 조금 더 넓게 설정하는 것이 광고의 효과를 극대화하는 길이다.

4. 미끼를 던져라

'30% 제품 할인 정보', '무료 체험 이벤트', '무료 보고서를 다운받는 방법' 등 일반인들이 관심을 가질 만한 내용의 제목과 글을 쓰는 것이 좋다. 이런 내용의 글은 팔로워들의 자발적인 행동을 이끌어낼 수 있다는 장점이 있다. 그러기 위해서는 '좋아요'를 눌러줄 팬을 최소한 1천 명 이상 확보하는 것이 좋다. 그들이 내 광고에 반응하면 그들의 페이스북 친구에게도 연결될 가능성이 매우 높아진다.

이런 미끼 마케팅을 할 경우 친구소환 이벤트를 병행하면 더욱 효과적이다. 광고에 '페이스북 친구 3명 이상을 소환하면 추첨을 통해 1만 원 상당의 상품권을 제공하겠다'라는 내용을 포함시키는 것이다.

5. 콜투액션을 사용하라

콜투액션(CTA ; Call To Action)이란 소비자가 어떤 행동을 하도록 유도하거나 요청하는 메시지를 말한다. 콜투액션은 페이스북 광고를 더욱 명확

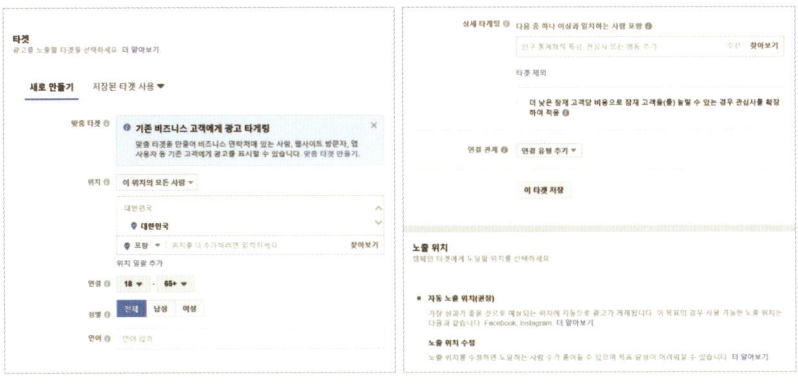

페이스북 광고 시스템은 당신에게 광고하기 원하는 지역과 남녀의 구분, 원하는 연령층 등을 질문한다.

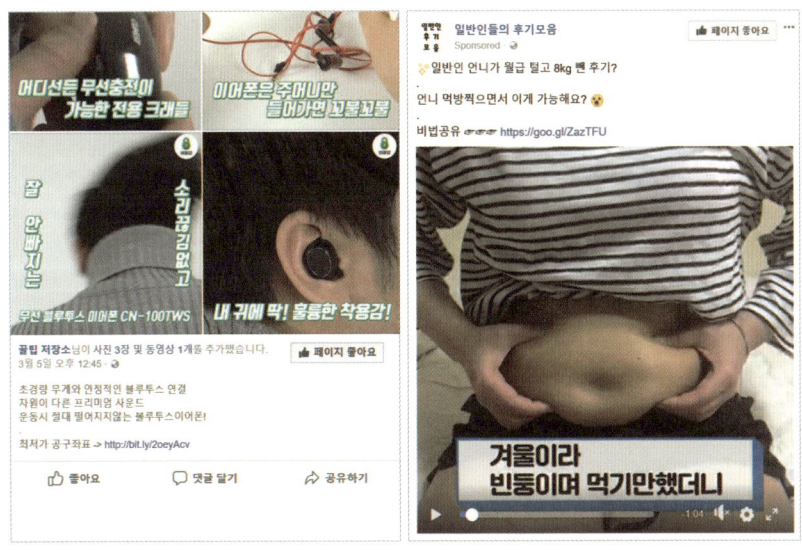

콜투액션을 잘 활용한 페이스북 광고들. '최저가 공구좌표', '비법공유'라는 텍스트로 이용자의 다음 행동을 유도하고 있다.

하게 정의할 수 있도록 해준다. 내 광고를 본 이용자들이 그 다음에 어떤 행동을 해야 하는지 제시하는 것은 실제 매출 증대를 위해 반드시 필요한 요소다. 콜투액션을 유도하는 유용한 문구들은 '더 자세한 사항을 알고 싶으시면 여기를 클릭하세요', '여기를 클릭하면 무료 보고서를 받을 수 있습니다', '여기를 클릭해서 스타벅스 상품권을 받아가세요', '여기를 클릭해서 항공권 및 숙박권이 포함된 무료 제주도 여행의 기회를 잡아보세요' 등이 있다.

6. 최적화된 광고 이미지를 사용하라

페이스북에서는 진행하고자 하는 광고의 유형에 따라 광고 이미지의 사이즈가 다르다. 이는 페이스북의 세심한 배려인데 비즈니스에서 설정한 목표와 종류에 따라 광고 사이즈를 조금씩 다르게 표시함으로써 이용

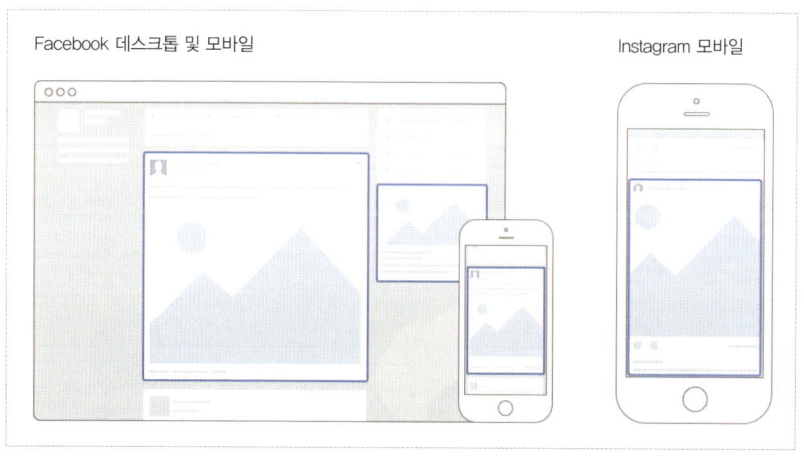

가독성을 높이기 위해서는 최적화된 광고 이미지를 사용하는 것이 중요하다.

자들의 가독성을 높이기 위함이다. 광고의 목적과 특성을 고려해 최적화된 광고 이미지를 사용해보자.

7. 광고 이미지에 혼을 담아라

전에는 화려한 문구가 소비자들의 주목을 받았다. '순간의 선택이 10년을 좌우합니다', '12시에 만나요 브라보콘' 등 소비자들의 뇌리에 오래 남을 광고 문구를 생각해내기 위해 카피라이터들은 많은 밤을 지새웠다. 그러나 이제는 광고도 이미지의 시대다. 이미지는 수많은 문장으로 풀어쓴

소비자들로부터 많은 호응을 받은 외국의 광고 사례

외국과 달리 감성을 자극하는 광고가 많은 국내의 사례

글보다 더 오랫동안 강렬하게 우리의 기억 속에 머문다.

페이스북 이용자들의 뉴스피드에 오르내리며 많은 관심을 끌었던 이미지는 어떤 것이 있을까? 바로 웃는 모습의 여인이나 아이, 가족, 단체의 모습을 극적으로 표현한 이미지다. 만일 광고에 인물을 사용하게 된다면 몸의 전체적인 모습보다는 얼굴이 클로즈업된 이미지를 사용하는 것이 바람직하다. 흑백으로 처리한 이미지는 주목을 받기 힘들지만 대조적인 색의 사용으로 시선을 끌게 할 수도 있다.

우리나라에서는 외국과 달리 극적인 이미지보다 감성을 자극하는 광고가 많은 편이다. 나라마다 선호하는 유형이 다르니 광고를 만들 때는 신중하게 접근해야 한다.

8. 최적의 광고 시간대를 선정하라

타깃 소비자들이 광고를 즐겨 보는 시간대를 선정하는 것은 광고비를 절약하는 효과가 있다. 아침 출근 시간대, 점심시간 전후, 저녁시간, 퇴근 후 자유시간 등을 구분해 최적의 시간대를 찾아 활용해보자. 이는 클릭 전환을 극대화하는 방법으로, 광고를 진행하기 앞서 최적의 광고 집행 날짜와 시간대를 고민해야 한다.

9. 스스로 테스트해보라

처음 광고를 하거나 광고를 자주 해보지 않은 경우 광고의 효과에 대해 궁금할 것이다. 이미지, 색상 구성, 콜투액션, 제목 및 카피를 서로 다르게 해 2개의 광고를 만들고, 어떤 것이 전환 효과를 더 많이 불러오는지 테스트해보자. 페이스북 광고는 생각보다 훨씬 저렴하기 때문에 테스트에

필자의 페이지에 포스팅하기 위해 만든 광고의 초안(왼쪽)과 텍스트를 줄이고 이미지를 살린 수정안(오른쪽)

부담이 없다. 광고 효과를 극대화시키기 위한 광고의 룩 앤드 필(look and feel)을 염두에 두고 다양하게 테스트해보자.

10. 광고 이미지에 너무 많은 텍스트를 사용하지 마라

광고물을 게시한 후 '게시물 홍보하기'를 누르면 결제가 진행된다.

페이스북 광고는 이미지로 승부한다. 하지만 너무 많은 텍스트를 한 이미지에 담으면 페이스북 광고의 가이드라인에 맞지 않아 승인이 거절될 수 있다. 텍스트는 전체 이미지 크기의 20% 이내가 적절하며 글자 크기는 너무 키우지 않는 것을 추천한다.

상단의 이미지는 필자가 페

이스북에 포스팅했던 광고다. 처음 만들었던 광고는 글자가 너무 많아서 이미지를 살려 다시 만들었다.

광고물의 게시가 완료되면 '게시물 홍보하기'를 누른 후 원하는 지역과 연령, 성별, 홍보 기간 등을 선택해 신용카드로 결제하면 된다. 결제가 완료된 후에는 '가격에 맞추어 홍보됨'이라는 문구가 표시된다. 이제부터 페이스북이 알아서 홍보를 하게 된다. 만일 홍보가 미흡하다고 판단되면 타깃 지역과 연령, 성별, 홍보 기간 등을 재설정할 수도 있다. 비용도 그리 비싸지 않다. 네이버의 노출광고보다는 훨씬 가성비가 높다.

인스타그램 스폰서 광고 활용하기

페이스북 광고 시 인스타그램에서도 동시에 광고를 진행할 수 있는데, 이는 현재 웹과 iOS에서만 이용할 수 있다. 조만간 업데이트를 통해 안드로이드폰에서도 기능을 지원할 것으로 보인다. 인스타그램에 광고를 게재하기 위해서는 페이스북 광고 계정과 페이스북 페이지가 있어야 한다.

  인스타그램 광고에 단일 이미지를 사용하는 경우 이미지는 광고를 만들 때 선택한 형식에 따라 정사각형 또는 가로가 긴 직사각형 모양으로 표시된다. 인스타그램 광고를 하기 전에 어떤 사이즈로 광고를 진행할지 숙고하기 바란다. 한편 광고를 동영상으로 게재하고자 할 경우에는 광고를 만들 때 선택한 형식에 따라 정사각형 또는 가로가 긴 직사각형 모양으로 동영상이 표시된다. 동영상이 아닌 사진 여러 장으로 구성된 슬라이드 형식으로 사용하면 정사각형 형식으로 표시된다. 이 경우 이미지 왼쪽

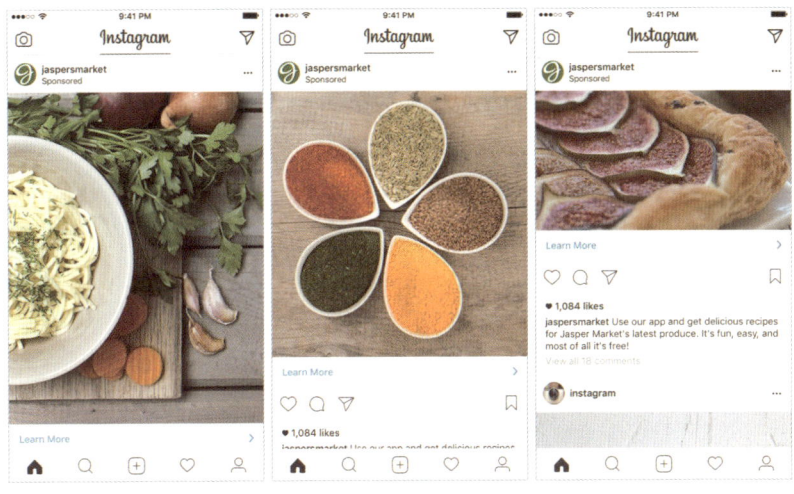

인스타그램에서는 정사각형뿐만 아니라 가로가 긴 직사각형으로도 광고가 가능하다.

또는 오른쪽에 있는 화살표를 클릭해 슬라이드 형식으로 광고 내 추가 이미지를 볼 수 있다.

독자적으로 진행한 인스타그램 광고의 효과

광고 전문가들에 따르 페이스북 페이지의 광고 내용을 인스타그램에 연동하는 것보다 인스타그램의 특성에 맞춰 독자적으로 광고를 하는 것이 마케팅에는 더 효과적이라고 한다. 즉 타깃층이 인스타그램 이용자층과 일치한다면 인스타그램에서만 광고하는 것이 더 효과가 크다는 이야기다.

'홍보하기' 버튼을 누르고 비용을 지불하면 쉽게 타 깃 마케팅이 이뤄진다.

인스타그램에 포스팅한 게시물을 잘 살펴보면 '이 게시물은 최근 게시물의 95%보다 더 좋은 성과를 내고 있습니다. 게시물을 홍보하여 더 많은 사람에게 도달해보세요'라는 문구와 함께 '홍보하기'라는 버튼이 보인다.

'홍보하기'를 누르면 타깃을 자동으로 설정할 것인지 직접 만들 것인지 선택할 수 있다. 처음에는 자동으로 설정하는 것이 효과적이다. 자동으로 설정하면 나의 비즈니스에 관심을 가질 만한 사람을 기준으로 인스타그램이 적절한 타깃을 설정해준다. '타깃 직접 만들기'는 페이스북과 마찬가지로 위치나 관심사, 나이, 성별을 설정할 수 있다. 예를 들어 여성 속옷을 광고할 경우 여성을 선택하고 적절한 나이대를 고르면 되는 것이다. 그러고 나면 총 예산은 얼마가 사용될 예정이며, 추산되는 도달 수는 몇 명인지도 표시된다. 예를 들어 '7,300원의 예산으로 1만 2천~3만 4천 명에게 도달할 것으로 예상되며 3일간 광고를 한다'라는 식이다.

이용자들을 분석해보면 PC의 사용자보다 모바일 사용자 수가 훨씬 많다. 따라서 모바일 환경에 최적화된 인스타그램 광고를 하는 것은 이제 자연스러운 일이 됐다.

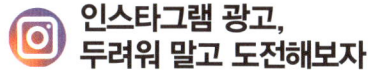 인스타그램 광고, 두려워 말고 도전해보자

이용자층에 따라 약간의 차이는 있겠지만 보편적으로 인스타그램의 광고 효과는 페이스북을 앞서는 것으로 나타난다. 페이스북의 경우 웹과 모바일 환경에 따라 광고의 주목도가 다르고, 광고 상품도 뉴스피드 광고와 오른쪽 칼럼 광고 등으로 나누어져 있다. 그에 반해 인스타그램 광고는 페이스북 광고보다 더 단순하고 직관적이다. 또한 인스타그램을 사용하는 층은 상대적으로 페이스북보다 젊다. 인스타그램 남녀 연령대 비율 도표를 살펴보면 20~30대, 특히 그중에서도 젊은 여성층이 이용자의 다수를 차지하고 있는 것을 알 수 있다. 이들 젊은 층들은 마음에 드는 광고를 접하면 모바일을 통해 구매를 자유롭게 하기 때문에 광고가 훨씬 효과적이라는 분석이다.

인스타그램에 따르면 인스타그램에서 광고를 집행하는 전 세계 광고

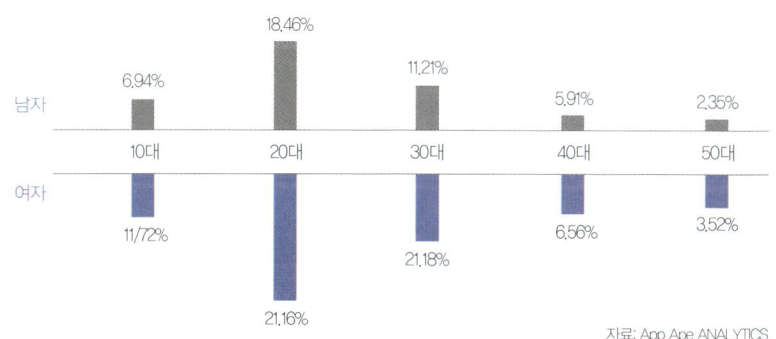

인스타그램 남녀 연령대 비율(2016년 기준)

자료: App Ape ANALYTICS

최근 인스타그램은 인스타그램 스토리에도 광고를 도입했다. 광고주들은 전체 화면을 모두 활용한 높은 몰입도의 콘텐츠를 활용할 수 있게 됐다.

주의 수가 100만 명을 넘어섰다고 한다. 현재 약 800만 개 이상의 계정이 비즈니스 프로필로 등록되어 있다고 하는데, 앞으로도 인스타그램을 통한 광고는 지속적으로 증가할 것으로 보인다.

한편 인스타그램은 인스타그램 스토리에도 광고를 도입했다. 이를 통해 광고주들은 전체 화면을 모두 활용한 높은 몰입도의 콘텐츠로 타깃 소비자층에게 효과적인 캠페인을 진행할 수 있게 됐다. 인스타그램 스토리에서 광고를 집행하고자 하는 기업은 페이스북 마케팅 API(응용 프로그램 및 서비스 개발을 돕는 지원도구), 파워에디터, 광고 관리자 등을 활용해 광고 도달률을 최적화할 수 있다. 미국에서는 숙박 공유 서비스 에어비앤비(Airbnb)가 자사 최대 규모의 신규 서비스 론칭에 인스타그램 스토리 광고를 활용해 크게 주목을 받기도 했다. 에어비앤비는 15초짜리 동영상 여러 개에 스토리를 입혀 광고를 진행했는데 이것이 크게 성공을 거둔 것이다. 만약 인스타그램 단독 광고를 준비 중이라면 스토리 광고도 눈여겨보도록 하자. 실제로 이용자들이 가장 많이 본 스토리 중 1/3 이상은 광고라고 한다. 그만큼 스토리의 마케팅 활용도 및 효과가 뛰어난 것이다.

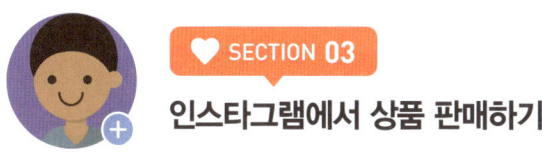

SECTION 03
인스타그램에서 상품 판매하기

사회가 다양화되면서 홍보 마케팅 시장도 점점 치열해지고 있다. 판매를 극대화시키기 위해 이것도 해보고 저것도 해보는 것은 절박함 때문이라고 생각한다. 블로그와 카페를 통해 직접 제품을 판매하기도 하고, 따로 쇼핑몰을 만들기도 한다. 또 기존 거대 쇼핑몰에 자신의 제품과 서비스를 입점시키기도 한다.

최근에는 네이버쇼핑을 통한 제품 판매도 활성화되고 있다. 그래서 스토어팜 교육이 전국적으로 널리 열리고 있는데, 이는 홍보 마케팅 시장에서 대한민국 검색 포털의 1인자인 네이버의 파워를 무시할 수 없기 때문이다.

또 페이스북을 통한 판매도 있다. 아직은 크게 활성화되어 있지 않지만 조만간 페이스북이 막대한 빅데이터를 배경으로 공격적인 솔루션을 내

네이버쇼핑의 홈화면. 최근에는 스토어팜 교육이 전국적으로 널리 열리고 있다.

놓을 것으로 보인다. 페이스북의 틀은 정기적으로 조금씩 진화하고 있는데 필자는 특히 페이스북 메신저 서비스에 주목한다. 쇼핑에서 결제까지 메신저 플랫폼 안에서 전부 가능하기 때문이다.

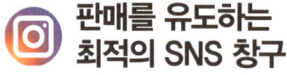
판매를 유도하는 최적의 SNS 창구

그럼 인스타그램에서 상품을 판매하려면 어떻게 하는 것이 가장 합리적일까? 최근에야 동영상의 길이도 15초에서 60초로 늘어났고 사진도 여러 장을 올릴 수 있게 됐지만, 여전히 인스타그램의 최대 장점은 사진 1장의 매력이다. 그래서 1장의 이미지를 클릭하도록 유도한 후 설명을 통해 해당 쇼핑몰로 이동하게 하는 방법이 가장 많이 사용되고

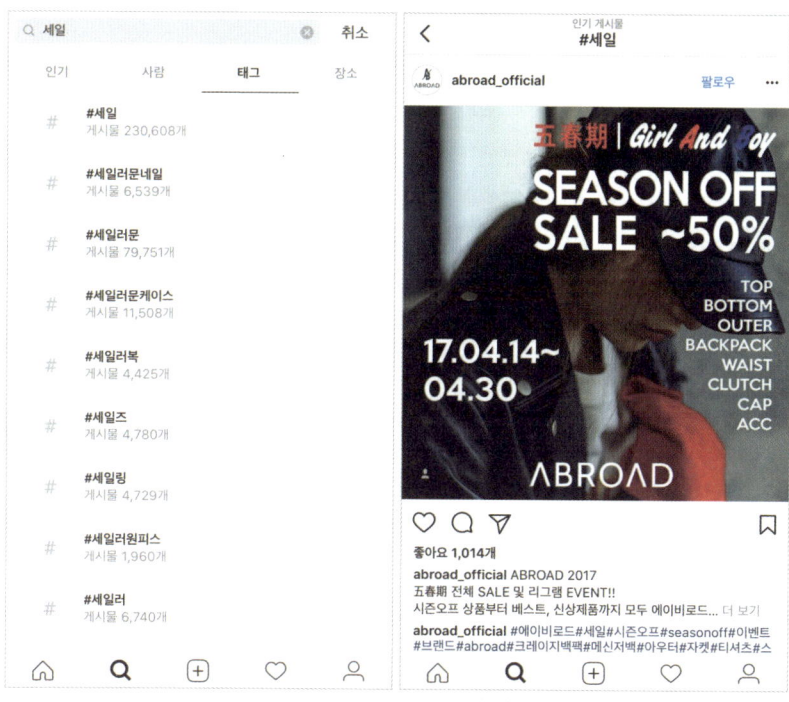

'#세일'의 검색 결과(왼쪽) 약 23만 개의 게시글이 나온다. 오른쪽은 인기 포스팅 중 하나다.

있다. 아무래도 쇼핑몰에서는 다양하고 멋진 고해상도의 이미지를 자유롭게 활용할 수 있고 설명도 더 상세하게 할 수 있기 때문이다. 또한 고객들의 사용 후기도 볼 수 있으며, 결제 시스템으로 바로 이어져 구매도 훨씬 수월하다.

상품을 판매하기 전에 무엇보다 타인이 어떻게 인스타그램에서 상품을 판매하는지 살펴보는 것이 중요하다. 해시태그 '#세일'을 검색해봤더니 약 23만 개의 게시글이 나왔고, 그중 눈에 띄는 게시글을 하나 클릭해봤다. '좋아요' 1천 개를 돌파한 이 글에서는 홈페이지에서 바로 구매하

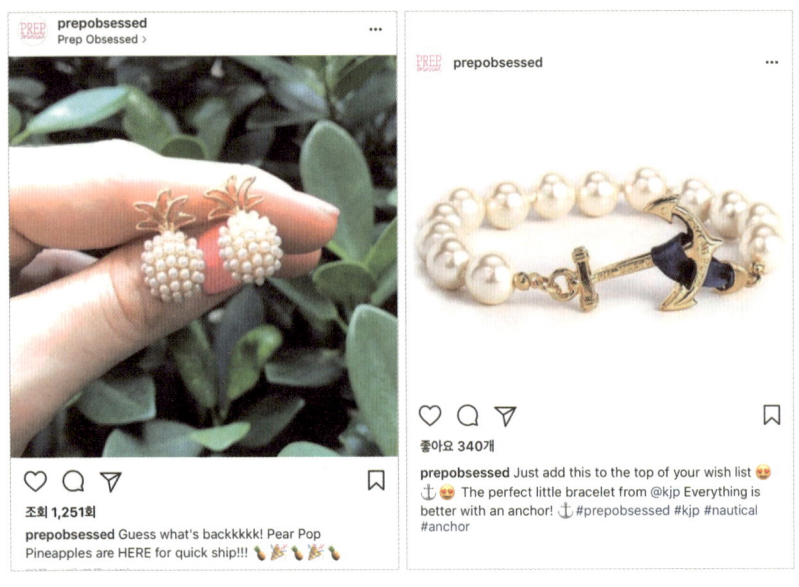

'Prep Obsessed'의 인스타그램 계정. 포스팅에서 고객에게 우회해 구매할 수 있는 방법을 제시한다.

라는 친절한 안내와 함께 쇼핑몰 URL을 적어놓았다.

이메일 마케팅이 활성화되어 있는 미국의 경우 쥬얼리 쇼핑몰 등에서 우회해 구매할 수 있는 방법을 제시하기도 한다. 온라인 쥬얼리 쇼핑몰인 'Prep Obsessed'의 인스타그램 계정에서는 포스팅을 통해 제품을 판매하기 위한 안내를 멋지게 하고 있다. 영어로 되어 있는 부분은 이해를 돕기 위해 번역해본다.

'이 인스타그램에 보이는 제품을 구매하기 위해서는 'Sold'라는 단어와 함께 구입을 원하는 제품의 색상과 크기, 그리고 당신의 이메일 주소를 덧글로 남겨주세요. 그러면 당신의 이메일로 인보이스를 발송하겠습니다.'

이 방법 외에도 동영상을 활용해 홍보하는 방법이 있다. 고객이 제품의 구입을 원할 경우 연결해야 할 쇼핑몰 주소를 홍보 동영상에 담아야 하기 때문에 쇼핑몰 주소는 길지 않은 것이 좋다. 60초 이내의 홍보 동영상에 자막으로 쇼핑몰 주소를 알려주면 된다. 인스타그램은 직접 판매하는 통로가 아니라 판매를 유도하는 SNS 창구로 활용하는 것이 바람직하다.

SECTION 04
비즈니스 계정을 활용한 마케팅 전략

인스타그램에서 비즈니스 프로필로 전환하려면 인스타그램 계정의 설정을 눌러 '비즈니스 프로필로 전환'을 누르면 된다. 이후 인스타그램 비즈니스 도구에 대한 설명이 나오는데, '계속'을 눌러 차례차례 진행한다. 페이스북 페이지 연결화면에 내가 현재 관리자인 모든 페이스북 페이지가 보일 것이다. 이 중에서 인스타그램 비즈니스 프로필에 연결할 페이지를 선택한다. 비즈니스 계정을 사용하면 새로운 비즈니스 기능 및 인스타그램 인사이트에 액세스할 수 있다. 하나의 페이스북 페이지에만 연결되기 때문에 신중하게 선택하기를 바란다. 비즈니스 프로필 설정까지 마치면 개인 계정에서 비즈니스 계정으로의 전환이 완료된다. 마찬가지로 옵션 화면에서 얼마든지 다시 비즈니스 계정에서 개인 계정으로 전환할 수 있다.

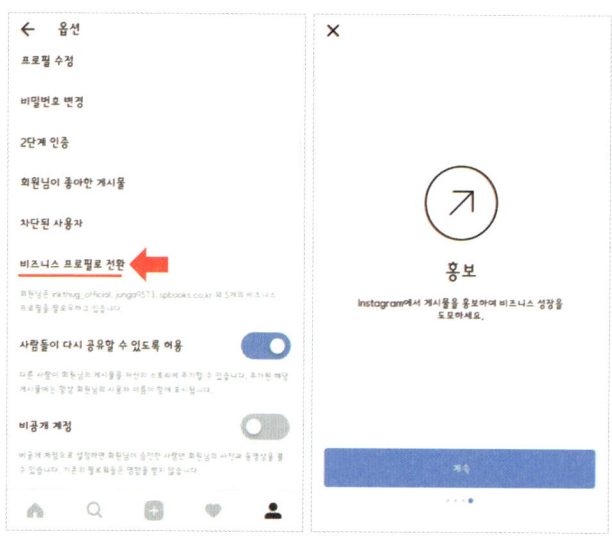

옵션(왼쪽)에서 '비즈니스 프로필로 전환'을 누르면 인스타그램에서 제공하는 안내사항(오른쪽)을 확인할 수 있다. 모두 확인하면 페이스북 페이지 연결화면으로 넘어간다.

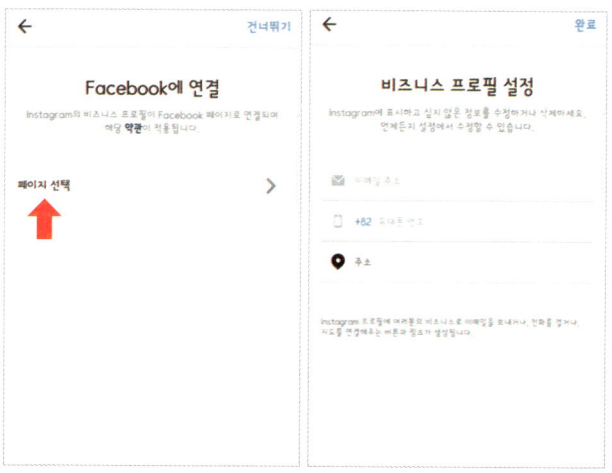

페이스북 페이지 연결화면(왼쪽)에서 '페이지 선택'을 누르면 비즈니스 계정과 연동할 페이지를 선택할 수 있다. 마지막으로 비즈니스 프로필 설정 화면(오른쪽)에 정보를 기입하면 끝이다.

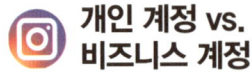 개인 계정 vs. 비즈니스 계정

　　　　개인 계정에 비해 비즈니스 계정은 어떤 이점이 있을까? 우선 비즈니스 계정은 인스타그램 인사이트에 접근할 수 있다. 인사이트는 팔로워와 팔로워의 온라인 상태 등에 대한 정보를 제공하며, 계정에서 업로드한 특정 게시물의 인사이트도 볼 수 있다. 각 게시물의 성과 및 사람들이 게시물에 참여하는 방식을 확인할 수 있는 유용한 툴이다. 또 비즈니스 계정에서는 프로필 상단에 찾아가는 길과 전화번호, 이메일 주소를 포함할 수 있다.

　인스타그램에서는 열거한 것 외에도 비즈니스 계정에 점차 더 많은 기능을 추가할 것으로 보인다. 왜냐하면 비즈니스 계정을 통해 인스타그램이 수익 창출을 수월하게 할 수 있기 때문이다.

　인스타그램 비즈니스 계정을 활용하게 되면 당신의 비즈니스, 즉 제품과 앱, 서비스 등의 인지도를 끌어올릴 수 있다. 당신이 미처 알지 못했던 잠재고객과 접촉해 그들이 제품과 서비스에 대해 자세히 알아보도록 유도할 수 있고, 신규고객도 원만하게 확보할 수 있다. 인스타그램 비즈니스 계정의 특징은 소규모 매장은 물론이고 대형 브랜드에 이르기까지 전 세계를 향해 마케팅할 수 있다는 것이다. 이제 동대문의 작은 의류 업체가 인스타그램을 통해 동남아와 홍콩 등에 직접 수출의 물꼬를 틀 수도 있는 것이다.

　이미 전 세계의 많은 기업들이 인스타그램을 홍보 마케팅의 수단으로 폭넓게 사용하고 있다. 따라서 업종별 비즈니스 계정의 사례를 분석하면 좋은 인사이트를 얻을 수 있을 것이다. 이미 인스타그램 광고를 통해 브랜드 인지도가 상승하고 매출이 증가한 사례가 보고되고 있으며, 이는 앞으로도 인스타그램이 효과적인 광고의 툴로 유용하게 사용될 수 있다는 의미이기도 하다.

 비즈니스 계정을 활용한 성공사례

인스타그램 비즈니스 계정을 잘 활용하면 미처 알지 못했던 잠재고객과 접촉할 수 있고, 신규고객도 원만하게 확보할 수 있다. 비즈니스 계정을 잘 활용한 성공사례들을 살펴보자.

에어비앤비의 'Airbnb 경험하기'

숙박공유 업체 에어비앤비는 'Airbnb 경험하기'라는 농영상 광고 시리즈를 출시해 큰 효과를 봤다. 상품의 인지도를 올리기 위해 인스타그램 스토리에 15초짜리 동영상 광고를 시리즈로 게재했는데, 고객들로부터 뜨거운 반응을 얻어냈다. 또 여행객들을 대상으로 지역 관광과 관련된 다양한 활동 및 경험을 알아볼 수 있는 업체를 추천해달라고 했는데, 이 캠페인을 통해 여행객들이 크게 증가했다고 한다.

다음의 이미지는 광고 영상을 캡처한 것으로, 에어비앤비로 투숙한 한 숙소에서 여행객들이 직접 미소수프를 만드는 과정을 담고 있다. 이 15초짜리 동영상의 마지막엔 에어비앤비 로고와 함께 'Welcome to the

에어비앤비의 15초 광고 동영상. 투숙한 숙소에서 미소수프를 만드는 과정을 담았다.

world of trip on Airbnb'라는 문장이 나온다. 이 광고를 통해 팔로워들은 여행의 묘미를 간접적으로 체험할 수 있었다.

언더아머의 '#IWILL'

메릴랜드 대학교 풋볼팀의 선수였던 케빈 플랭크(Kevin Plank)가 설립한 언더아머(Under Armour)는 기능성 의류의 원조로, 운동선수나 운동을 즐기는 일반인을 타깃으로 쾌적하고 건조하며 가벼운 몸 상태를 유지해주는 의류를 만들고 있다. 언더아머는 '열정과 디자인, 혁신을 끊임없이 추구해 운동선수들이 더 좋은 성과를 도출하도록 한다'라는 사명하에 설립되었는데, 최근에는 단 하나의 해시태그인 '#IWILL'을 사용해 선풍적인 인기를 끌고 있다. '#IWILL'이라는 해시태그는 '나는 할 수 있다'라는 강한 메시지를 소비자들에게 전달하며 꾸준하게 운동을 하라는 응원을 보내고 있다. 이 캠페인을 통해 언더아머는 인지도를 높였고, 323만 명의 팔로워들로부터 뜨거운 관심을 받고 있다.

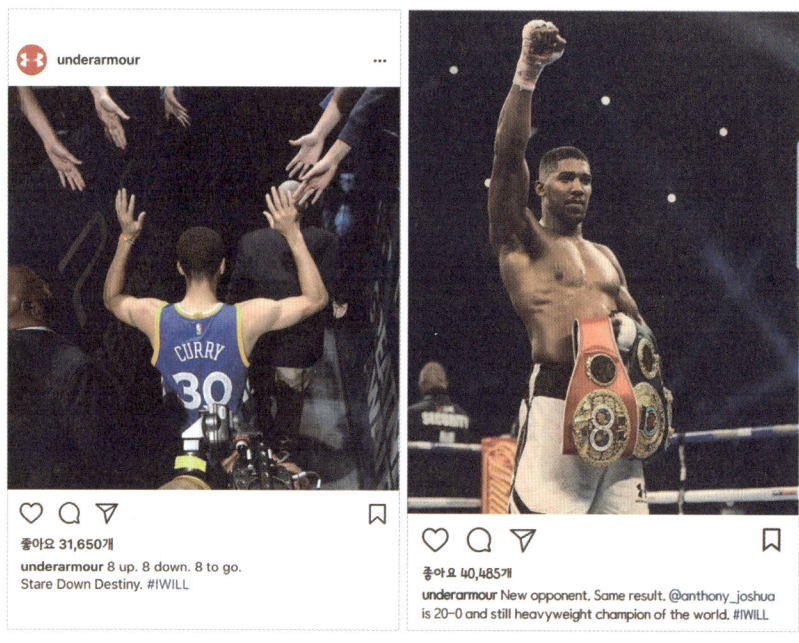

'#IWILL'을 활용한 언더아머의 간결한 게시물. 고객의 반응을 이끌어내는 혜안이 돋보인다.

다음의 이미지는 아주 간결한 해시태그로 고객과 소통하는 언더아머의 게시물이다. 긴 설명도, 5개 이상의 연관 해시태그도 없이 딱 하나 '#IWILL'이라는 해시태그만으로 강한 이미지를 연출했다. 그런데 놀랍게도 3만 명 이상이 '좋아요'를 눌렀다. 고객의 반응을 이끌어내는 혜안이 돋보인다. 간결함을 이용한 마케팅의 정수를 보여준다.

데어리퀸의 'Upside Down or Free'

1940년 설립된 데어리퀸(Dairy Queen)은 패스트푸드와 냉동식품을 판매하는 다국적 레스토랑 체인점이다. 1985년 인기 아이스크림 블리자드

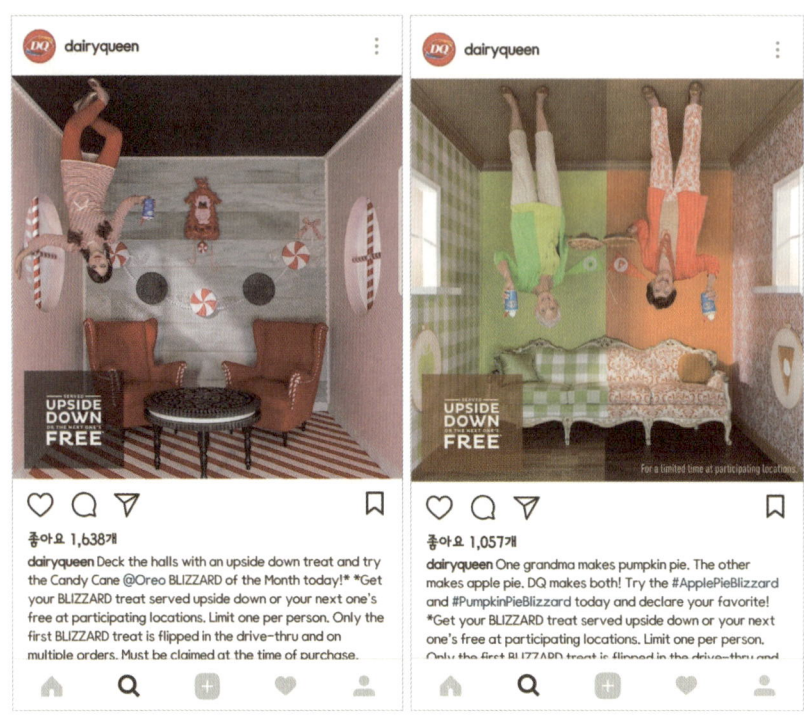

데어리퀸의 인스타그램. 'Upside Down or Free'를 재치 있게 홍보하고 있다.

를 출시하자마자 한 해 동안 100만 개 이상의 판매 실적을 기록했다. 데어리퀸은 그동안의 관습에 정면으로 도전하는 발상의 전환을 마케팅에 응용했다.

블리자드의 콘셉트는 무중력 아이스크림이다. 컵을 거꾸로 뒤집어도 아이스크림이 쏟아지지 않는다. 데어리퀸은 고객이 주문한 블리자드 아이스크림이 거꾸로 뒤집힌 상태로 제공되지 않으면 다음 방문 시 무료로 아이스크림을 증정하는 'Upside Down or Free' 프로모션을 통해 인지도를 크게 높였다. 또한 위아래가 뒤집힌 유머러스한 이미지 광고로 아이스크림의 매출이 증가하고, 신규고객 확보에도 성공했다고 한다.

이제는 발상의 전환이 필요한 때다. 남과 다르게 생각하고 창조적인 아이디어를 활용해 고객의 눈길을 사로잡아야 한다.

일리 커피의 연결이미지 광고

인스타그램은 3장의 이미지를 연속으로 보여준다. 그런데 여기에서 영감을 찾은 디자이너들은 하나의 이미지를 모자이크처럼 여러 장으로 나누어 전체적인 형상을 만들었다.

1933년에 설립된 이탈리아 커피 브랜드 일리(illy)는 80년이 넘는 긴 시간 동안 세계 최고 수준의 에스프레소 제조 및 판매 업체로 명성을 높여왔다. 이미 35세 이상의 기존 고객층을 탄탄하게 확보한 일리는 젊은 층

일리 커피는 하나의 이미지를 모자이크처럼 나누어 전체적인 형상을 만들었다.

을 타깃으로 브랜드와 제품 인지도를 높이고자 인스타그램을 통한 마케팅에 뛰어들었다.

"젊은 층에게 다가갈 수 있는 가장 좋은 방법을 찾던 도중, 디지털 기기에 최적화된 이미지와 동영상을 제작하는 아티스트 맥스 페트론(Max Petrone)에게서 힌트를 얻었습니다. 인스타그램이 저희가 원하는 타깃 대상에 도달하고 기대 이상의 성과를 달성할 수 있는 최고의 미디어 플랫폼이라는 사실을 알 수 있었습니다"라고 일리 커피의 e비즈니스 책임자는 말한다.

일리 커피의 인스타그램 계정에서는 각기 다른 내용의 게시물들이 하나의 스토리를 전개하듯이 연결되어 있다. 이로 인해 소비자들은 과거의 내용을 다시 클릭해보며 그 연관성에 감탄한다. 이런 형식의 연결이미지 광고를 하려면 사전에 치밀한 밑그림을 그려야 한다. 그래야 소비자가 광고의 연결성을 궁금해하며 과거의 포스팅을 다시 찾게 되고 이로 인해 재방문의 효과도 볼 수 있다.

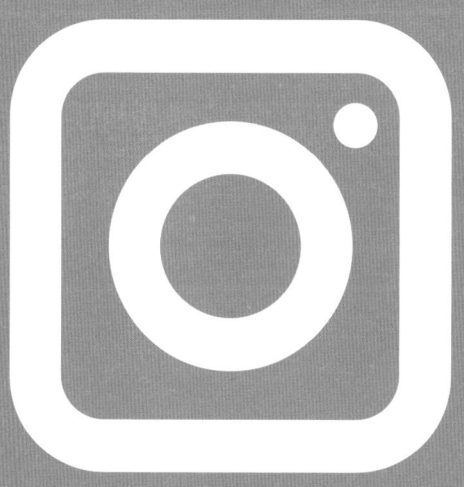

Part 5

업종별 인스타그램 마케팅 사례 분석

실제 인스타그램 마케팅의 사례들을 분석해 업종별(교육, 패션·뷰티, 여행, 요식업, 피트니스)로 어떤 노하우가 필요한지 알아보자.

교육 시장의 인스타그램 마케팅

다양한 분야에서 강의를 하고 있는 강사들은 점차 치열해지는 교육 시장에서 살아남기 위해 자신의 블로그를 멋지게 꾸미거나 페이스북을 화려하게 만든다. 유명했던 명강사가 금세 잊혀지고 밀려나는 일이 비일비재하게 발생하고 있으며, 실제로 강사들은 네이버·페이스북·구글 등에 거액의 마케팅 비용을 내면서까지 자신을 노출시키려 애쓰고 있다.

그뿐만 아니라 네이버나 다음에 있는 명강사 파견 카페에 자신의 프로필을 등록하기도 하고, 강사 파견을 전문으로 하는 업체에 매달 일정액을 지불해 자신을 노출시키려고 안간힘을 쓰기도 한다. 그러다 보니 강사 파견 업체는 점차 강성해져 에이전시처럼 많은 강사들을 거느린 힘 있는 조직이 되기도 한다.

최근에는 인스타그램을 적극 활용하는 강사들이 등장해 눈길을 끌고 있다. 이들은 인스타그램의 속성을 잘 이해해 페이스북과의 연동에 능숙하며, SNS상에서 우월한 위치에 포지셔닝을 한다. 또한 스스로 콘텐츠를 만들어 잠재고객에게 자신을 어필한다.

우리는 김미경, 김창옥, 유수연, 강성태 등 대중에게 인기를 얻고 있는 사람들을 스타강사라고 부른다. 이들은 자신의 일정에 맞춰 강의를 하는 것으로 알려져 있다. 하지만 강의할 기회조차 없는 무명 강사들은 생활고에 시달린다. 개인의 역량이나 사회적 명성 등에 따라 강사료가 다를 수밖에 없으며, 강의를 의뢰하는 업체는 당연히 가능한 적은 금액으로 가능한 유명한 강사를 모시려 하고 있다. 강사들이 마케팅을 통해 끊임없이 자신을 노출시키려고 노력하는 배경이다.

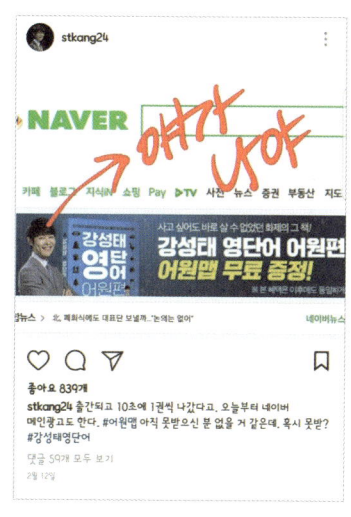

자신을 적극적으로 홍보하고 있는 스타강사 강성태의 포스팅

인스타그램으로 인한 교육 시장의 변화

최근에는 개성 있는 강의 능력과 많은 지식을 가진 강사들을 중심으로 한 인스타그램 마케팅이 주목받고 있다. 역사·철학·문

인스타그램에서 '#sns강의'를 검색한 결과(왼쪽). 강사들은 인스타그램을 통해 자신들을 홍보한다(오른쪽).

학·금융(재테크)·자기계발·취미·SNS·동기부여·리더십 등 다양한 분야에서 전문 지식을 가진 사람들이 대중들과 지식을 공유할 때 집단지성이 발현된다고 한다. 집단지성은 시민의식을 한 단계 높이는 역할을 하고, 다양성을 통해 밝은 사회를 만들어내는 데 일조한다.

특히 SNS 강의 시장은 인스타그램을 활용하는 한 축이 되고 있다. 하지만 아직은 시작 단계다. 너무 늦은 것 아니냐고 생각할 수도 있지만 지금이라도 늦지 않았다. 인스타그램을 통한 홍보 마케팅이 성숙되지 않은 시점에 미리 선제적으로 나선다면 자신의 입지를 구축하는 데 큰 도움이 될 것이다.

강사들의 포스팅을 살펴보자. 강사들의 경우 그동안은 강의를 마친 후

'#인문학강의'와 '#4차산업혁명' 분야의 검색 결과. 최근의 분위기를 반영하듯 많은 글들이 올라와 있다.

수강생들과 함께 찍은 인증샷이나 강의 중인 모습 1장을 포스팅하는 것이 주류를 이뤘다. 그런데 강의를 하기 전에 수강생을 모집할 때는 어떻게 홍보하는 것이 가장 바람직할까? 어떻게 하면 사진 1장으로 수강생들을 모을 수 있을까?

　이는 많은 사람들의 고민거리였다. 그런데 블로그 마케팅에서 적용되던 섬네일이 인스타그램에 도입되면서부터 이런 고민거리가 해결되기 시작했다. 이미지 1장에 가능한 많은 정보를 그림과 함께 넣는 것이다. 물론 강사 본인의 연락처를 포함시키는 것은 당연한 일이다. 섬네일의 등장으로 이제 포스팅 이미지를 색인처럼 볼 수 있게 되면서 인스타그램은 아주 간결하게 독자들과 소통하는 방법을 찾아가고 있다. 장황한 글보다는 짧지만 임팩트 있는 글이 더 환영을 받는 이유다.

　'#4차산업혁명' 검색 결과에서 제일 왼쪽 상단에 노출된 포스팅은 필

인스타그램에서 '#리더십강의'를 검색한 결과(왼쪽)와 '#동기부여강의'를 검색한 결과(오른쪽)

자가 만든 것이다. 간단한 강사 소개와 강의실 장면을 이미지 1장에 담아 소개했다. 이렇게 텍스트를 점차 간결화하는 추세에 맞춰 포스팅에 임팩트 있게 글을 담아내는 방법을 배우는 것이 필요하다.

  검색을 통해 이미지 1장에 강연 정보를 잘 담아낸 사례들을 찾아보는 것도 중요하다. 좋은 사례들을 벤치마킹하며 그림과 글을 적절히 활용해 사람들에게 다가가는 노력을 꾸준히 하면 어느새 인스타그램을 통한 강사 마케팅 실력이 성숙해져 있을 것이다.

  최근에는 소셜미디어 마케팅을 배우려는 수요가 크게 늘어났다. 실제로 '#인스타그램마케팅'의 경우 게시물 수만 약 3만 개다. 이는 '#인문학강의', '#4차산업혁명', '#리더십강의', '#동기부여강의'의 포스팅 수를 다 합친 것보다 많은 숫자다. 그만큼 인스타그램 마케팅의 영향력에 사람들의 이목이 집중되어 있는 것이다.

이미지 1장에 필요한 정보를 잘 담아낸 사례들

모든 학문이 그러하듯 인스타그램 마케팅도 독학보다 누군가에게 배워서 실천하는 것이 훨씬 수월하다. 혼자 끙끙거리며 모든 것을 하려고 하면 시간도 많이 걸리고 시행착오도 겪게 된다. 그래서 여럿이 함께 배우며 함께 성장해가는 것이 바람직한 수순이다. 책으로도 다 배우기 어렵다면 전문적인 강사들의 강연을 활용해보자.

패션·뷰티 시장의 인스타그램 마케팅

패션·뷰티 업계는 인스타그램의 등장을 크게 반기는 분위기다. 그동안은 유명 연예인을 통해 홍보하는 것이 업계의 관행이었는데, 이제는 연예인의 도움 없이 직접 인스타그램에 포스팅하는 방향으로 트렌드가 변하고 있다. 패션·뷰티 업계의 인스타그램 홍보 마케팅 팁을 먼저 살펴보자.

- 패션·뷰티 시장의 주요 고객층은 10~20대 여성이므로 마케팅할 때 페이스북보다 인스타그램을 집중적으로 공략한다.
- 인스타그램은 관심 있는 분야를 해시태그로 검색해볼 수 있기 때문에 디자인한 제품이 제대로 보여지기만 한다면 사람들에게 큰 호응을 얻을 수 있다.

- 질 좋은 재료로 상품 본연의 가치를 높이는 것이 차별화의 길이다.
- 인스타그램은 게시물이 시간 순서대로 올라온다는 특징이 있다. 타임라인에 올라간 게시물은 고객들에게 노출될 수 있는 시간이 많지 않으므로, 자주 상품 사진을 올려야 한다. 상품이 아무리 경쟁력 있더라도 꾸준함과 착실함이 없다면 매출이 저조할 수밖에 없다.
- 인내심을 가지고 꾸준히 운영해야 고객들에게 신뢰를 얻을 수 있고, 그러한 노력이 매출로 이어질 수 있다.
- 구매자의 인스타그램 후기 사진을 확인하고 그것을 태그로 연결해 포스팅한다. 그렇게 해야 고객의 신뢰를 확보할 수 있다. 고객 관리를 위해 후기를 올려준 고객에게 감사 인사를 전하자.
- 인스타그램 마케팅과 더불어 다른 SNS나 판매채널을 활용해 판로를 적극 확장한다.

인스타그램은 타 SNS보다 상대적으로 젊고 유행에 민감한 사용자들이 많다. 특히 젊은 여성을 타깃으로 화장품이나 의류를 판매하는 신규 업체들에게는 궁합이 잘 맞는 통로가 되어준다. 인스타그램 사용자들의 특성 중 하나인 '여기에선 특별하고 특이한 이미지를 보고 싶다'는 욕구를 잘 활용해보자. 패션·뷰티 시장에서 큰 마케팅 효과를 볼 수 있을 것이다.

실제로 특히 뷰티 시장을 중심으로 인스타그램 마케팅이 성행하고 있다. 젊은 20대 여성 이용자가 많다는 인스타그램의 특징을 잘 활용한 것이다. 뷰티 업계는 유명 뷰티 인스타그래머들을 중심으로 인플루언서 마케팅이 가장 활발히 이뤄지고 있는 시장이다.

화장품 업계의 인스타그램 마케팅

과거에는 파워블로거가 마케팅 시장의 대세였다면 최근에는 인스타그램 스타들이 크게 대접을 받는 시대가 됐다. 화장품 업체들은 신제품이 나오면 인스타그램 스타를 불러 이벤트를 열고 이들의 관심을 사기 위해 노력한다. 과거에는 연예인을 섭외해 잡지 화보를 찍거나 영화관 등에서 광고를 진행해 제품을 알리는 데 주력했다. 하지만 이제는 SNS를 활용한 홍보 마케팅이 대세로 떠올랐다. 그리고 그 중심에는 인스타그램이 있다. 화장품 업계의 홍보 마케팅의 큰 흐름이 바뀐 것이다.

화장품 업계는 인스타그램 스타를 초청해 상대적으로 적은 투자로 큰 홍보 효과를 누릴 수 있다. 인스타그램 스타를 모델로 고용해 제품과 함께 멋진 사진을 찍어 홍보하는 것은 이제 작은 유행이 됐다.

기념이 될 만한 경험과 멋진 사진을 얻은 인스타그래머는 포스팅을 통해 팔로워들에게

최근에는 인스타그램 스타를 비롯한 일반인들의 활약이 돋보인다.

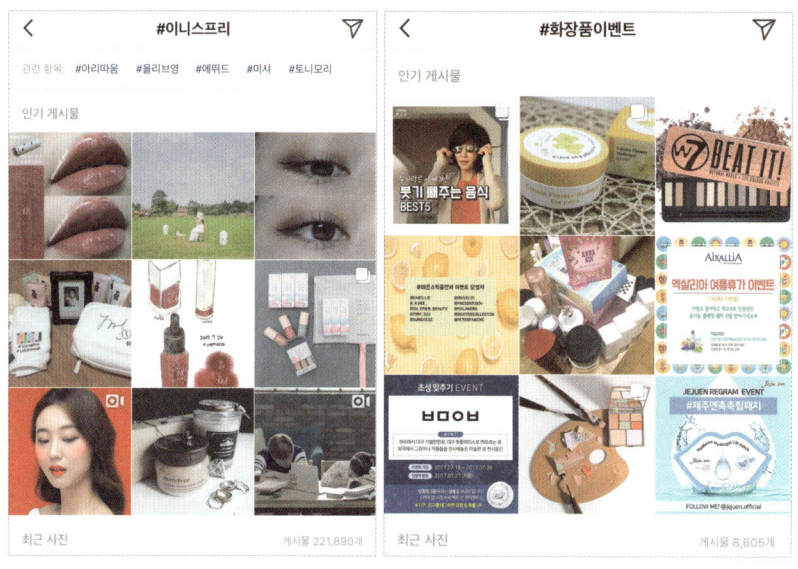

인스타그램에서 '#이니스프리'로 검색한 결과(왼쪽)와 '#화장품이벤트'로 검색한 결과(오른쪽)

막강한 영향을 끼친다. 인스타그램으로 신제품을 접한 고객들은 그 브랜드에 대한 좋은 이미지를 갖게 되고, 충성도 높은 고객이 될 가능성이 높아진다. 또한 이벤트를 통해 브랜드를 긍정적으로 언급하기 때문에 해당 인스타그램을 팔로우하는 사람들에게도 긍정적인 영향을 준다. 그래서 어떤 면에서는 상업적인 광고보다 인스타그램 마케팅의 효과가 더 크다는 것이 업계의 정설이다. 보통 이런 이벤트를 진행할 때는 인스타그래머가 친구나 지인에게도 선물할 수 있도록 넉넉하게 경품을 제공하기도 한다.

앞의 이미지는 인스타그램에서 '#이니스프리'와 '#화장품이벤트'로 검색한 결과다. '#이니스프리'의 경우 상위에 검색되는 9개의 이미지가 대부분 1천 명 이상으로부터 '좋아요'를 받은 포스팅이다. 이는 꾸준하게 인스타그램을 통해 홍보해온 결과다. '#이니스프리'로 검색 시 22만 개 이상의 게시물이 노출되는 것만 보아도 이니스프리가 얼마나 열심히 인스타그램 마케팅에 공을 들이는지 알 수 있다. 놀라운 사실은 상위 9개 이미지 중 이니스프리 공식 계정의 포스팅은 달랑 2개뿐이라는 것이다. 이는 이니스프리가 꾸준히 팬을 관리하면서 인스타그램을 통해 홍보를 효과적으로 해오고 있었다는 것을 의미한다. 소비자들은 인스타그램에 노출된 여러 이니스프리 화장품 이미지를 보면서 구매하고 싶다는 욕구를 느

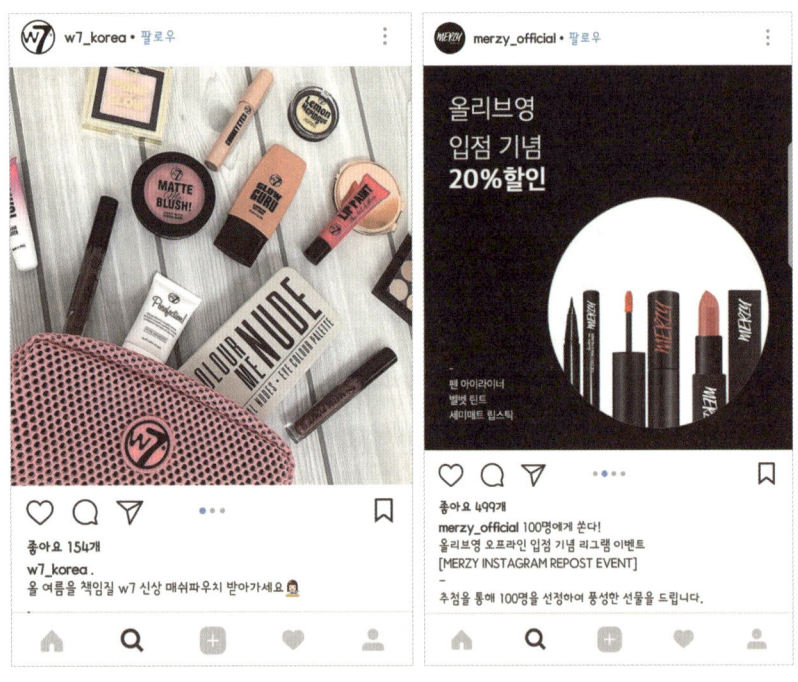

더블유세븐에서 진행한 리그램 이벤트(왼쪽)와 머지에서 진행한 리그램 이벤트(오른쪽)

끼게 된다.

뷰티 업계는 특히 마케팅에 리그램을 잘 활용한다. 더블유세븐(W7)과 머지(MERZY)는 리그램 이벤트를 통해 소비자들에게 큰 호응을 얻었다. 타 SNS와 달리 인스타그램은 매우 쉽게 리그램을 할 수 있다. 따라서 짧은 시간에 최대한 효율적으로 제품을 홍보하고자 하는 업체의 의도대로 리그램은 더 많은 사람들에게 게시물이 도달하게 한다.

지금 우리나라에는 크고 작은 화장품 업체가 많다. 설사 규모가 작은 화장품 업체라고 하더라도 치밀하게 계획해 지속적으로 인스타그램에 포스팅한다면 반드시 제품을 효과적으로 알릴 수 있을 것이다. 앞으로도 화장품 업계는 인스타그램의 속성과 파급효과에 주목해 다양한 활용 방안을 고안해낼 것이다. 경쟁 업체에 뒤처지지 않기 위해서는 치밀한 계획과 꾸준함이 필요하다는 것을 잊지 말자.

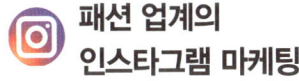

패션 업계의 인스타그램 마케팅

최근에는 대형 브랜드는 물론이고 동네의 작은 샵도 인스타그램 계정을 만들어 제품과 서비스를 홍보하고 있다. 특히 패션 업계는 몰입도가 높은 다양한 방법으로 소비자와 소통하고 있다.

패션 업계 중 프랑스의 루이비통(Louis Vuitton)과 영국의 온라인 패션 소매회사 아소스(ASOS)는 인스타그램 마케팅으로 소비자들에게 큰 호응을 얻었다. 루이비통은 인스타그램의 다양한 기능들을 적극적으로 활용하

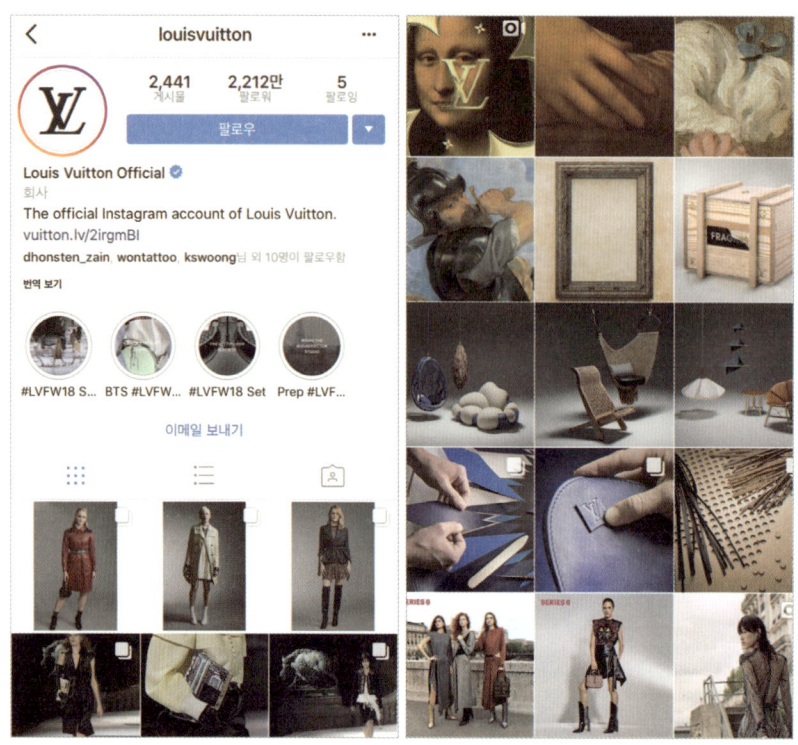

루이비통의 인스타그램 계정. 루이비통은 인스타그램의 다양한 기능들을 적극적으로 활용하는 마케팅을 통해 고객들에게 친밀하게 다가갔다.

는 마케팅을 통해 고객들에게 친밀하게 다가가고 있는데, 2017년에 종종 포스팅한 세로 화면의 동영상 광고가 특히 브랜드의 호감도를 높이는 데 크게 기여했다. 이러한 노력의 결과로 루이비통의 팔로워 수는 2천만 명을 가볍게 넘어섰다.

한편 영국의 아소스는 고품질의 모바일 동영상을 통해 디지털 환경에 익숙한 미국과 유럽의 젊은 고객층들에게 널리 알려지게 됐다. 특히 아소스를 소개하는 간단한 문구와 젊은 층이 선호하는 직관적인 이모티콘을

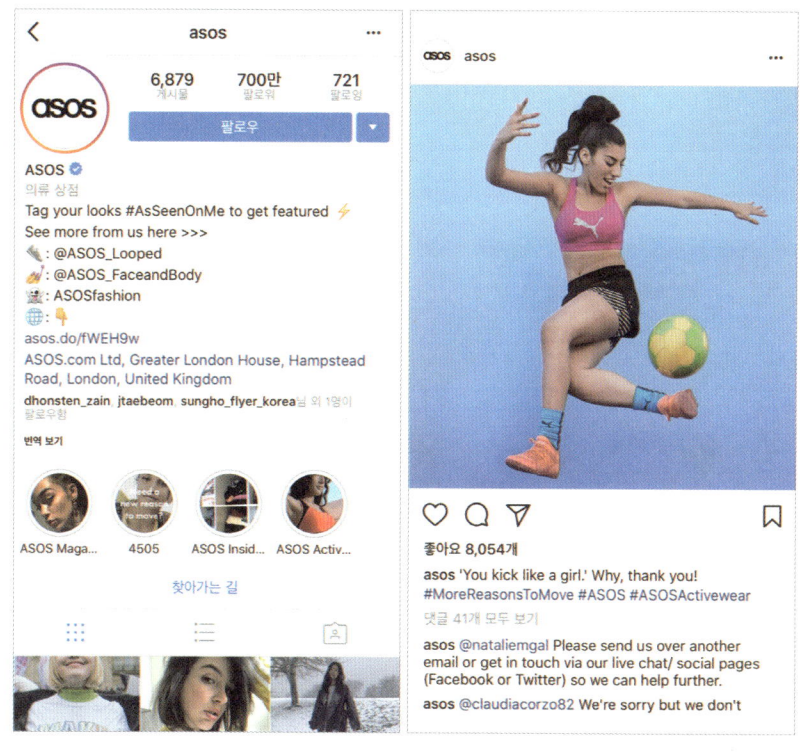

아소스의 인스타그램 계정. 고품질의 모바일 동영상을 통해 젊은 고객층에게 널리 알려지게 됐다.

사용한 것이 인상적이다.

시장조사 업체 이마케터닷컴(eMarketer.com)의 보고서에 따르면 전 세계 패션·뷰티 전문가(인플루언서)들을 대상으로 소셜미디어 선호도를 실시한 결과 인스타그램이 약 80%로 1위를 차지했다고 한다. 그 뒤를 이어 각각 블로그·유튜브·페이스북이 2~4위를 차지했다. 왜 이런 결과가 나타났을까? 이는 인스타그램의 간결한 이미지형 구조에 기인한다. 시각적으로 어필하기가 쉽기 때문에 호감이 가는 콘텐츠를 만들면 고객들을 자신의 SNS 채널로 쉽게 유도할 수 있다. 또 팔로워들로부터 즉각적인 반응을 얻어낼 수도 있다. 트렌드가 빠르게 바뀌는 패션 업계에 특히 유용한 부분이다.

패션 업계는 인스타그램 마케팅을 가장 잘 활용하고 있다. 그래서 패션과 관련된 '#패션', '#패션스타스램' 등의 해시태그에서는 인기 콘텐츠에 오르려는 경쟁이 매우 치열하다. '#패션'의 경우 이미 약 1,200만 건의 포스팅이 올라와 있으며, '#패션스타그램'의 경우 약 346만 건이 올라와 경

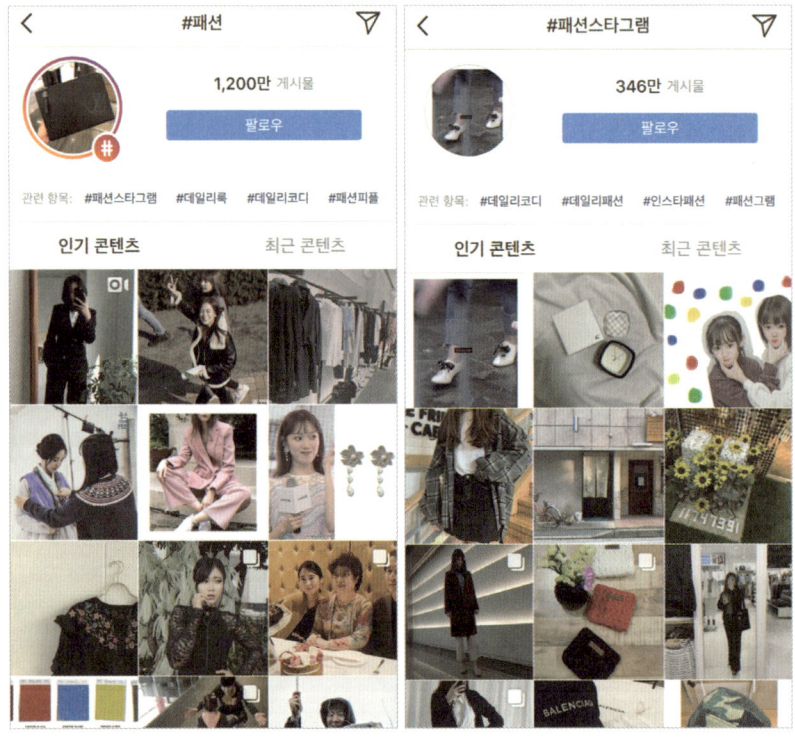

인스타그램에서 '#패션'으로 검색한 결과(왼쪽)와 '#패션스타그램'으로 검색한 결과(오른쪽)

합을 벌이고 있다. 그 외에도 '#패션인스타그램(약 1만 2천 건)' 및 '#남자패션(약 40만 건)' 등도 꾸준하게 인스타그램을 통해 소개되고 있다.

과거의 패션 관련 포스팅의 추세는 사진 1장으로 승부를 거는 것이었다. 하지만 이제는 동영상과 여러 장의 시리즈 사진을 함께 선보이고 있는 추세다.

패션 업계는 진입장벽이 낮고 소비자의 취향에 따라 시장이 크게 변한다. 브랜드의 기대수명 역시 짧아 다른 산업에 비해 업체 간 경쟁이 치열

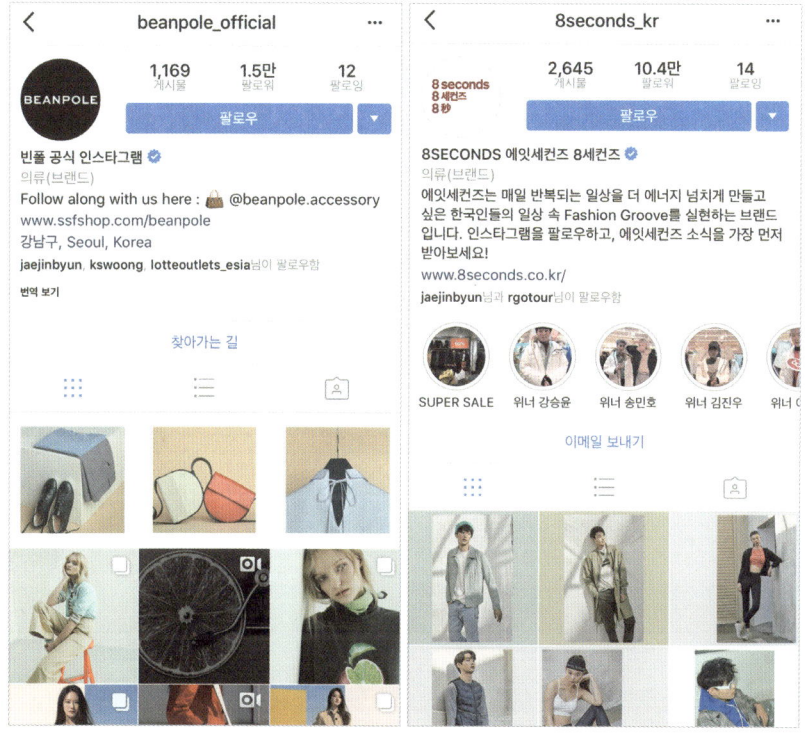

삼성물산 패션부문 브랜드 빈폴의 인스타그램 계정(왼쪽)과 에잇세컨즈의 인스타그램 계정(오른쪽)

하다. 그래서 늘 긴장감 속에서 자신의 제품을 어필할 수 있는 이미지를 형상화하기 위해 고군분투하고 있다. 국내의 패션 산업을 주도하고 있는 삼성물산 패션부문과 LF는 매장 위주에서 탈피해 온라인 사업에 크게 힘을 싣고 있다. 최근에는 K뷰티 신드롬으로 중국과 파리 등 해외진출도 타진하고 있다.

삼성물산 패션부문은 물론이고, 2014년 3월 사명을 LG패션에서 'Life in Future'의 약자로 변경한 LF는 글로벌 투자에 박차를 가하고 있다. 이

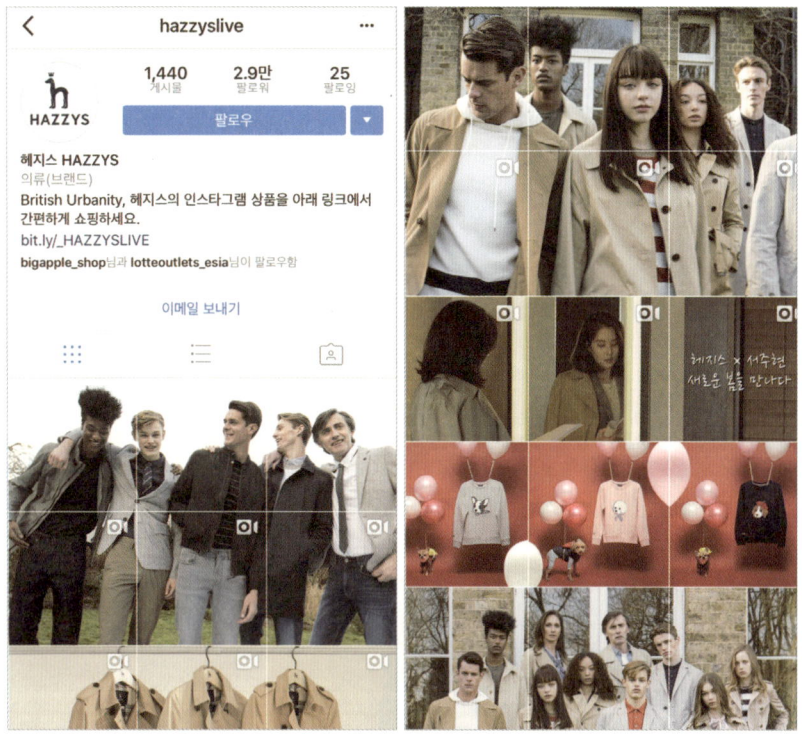

LF 브랜드 헤지스의 인스타그램 계정. 다양한 포스팅을 활용한 모자이크 기법이 인상적이다.

들 쌍두마차뿐만 아니라 다양한 중견 패션 업체들도 인스타그램에 공식 계정을 만들어 자신의 브랜드를 적극적으로 홍보하고 있다.

　삼성물산 패션부문은 브랜드별 독자적인 인스타그램 공식 계정을 활용해 마케팅을 시작했다. 하지만 모든 브랜드를 살펴보려면 홈페이지(www.ssfshop.com)로 접속해야 하는 번거로움이 있다. 그렇지만 모바일 고객을 위해 'SSF SHOP'이라는 별도의 앱을 제공하고 있다. 고객들은 모바일 앱을 통해 다양한 제품을 함께 살펴볼 수 있다.

　LF의 대표 브랜드 중 하나인 헤지스의 인스타그램 계정의 경우 다양한 포스팅을 활용한 모자이크 기법이 인상적이다. 헤지스의 인스타그램 계정을 살펴보면 사진 3장과 동영상 3개를 조합해 연결된 이미지처럼 보이도록 디자인했다.

SECTION 03
여행 시장의 인스타그램 마케팅

인스타그램은 사진 1장으로 현지에서도 아주 간단하게 여행의 포인트만을 올릴 수 있다.

한때는 블로그가 여행용 SNS로 각광을 받았고 지금도 강세를 보이고 있다. 하지만 최근에는 여행을 다녀와서 블로그에 후기를 길게 쓰는 것을 하나의 스트레스로 생각하는 사람들이 늘어났다. 반면 인스타그램은 사진 1장으로 현지에서도 아주 간단하게 여행의 포인트만을 올릴 수 있어 사용자들의 다양한 여행 사진이 올라오고 있다. 이번에는 여행 시장의 인스타그램 마케팅에 대해 알아보자.

 해시태그로 살펴보는 여행 시장의 규모

'#여행스타그램', '#인스타여행', '#해외여행' 등은 인기 있는 여행 관련 해시태그다. 전 세계 가장 아름다운 장소들을 찾아다니며 하이킹하고, 소셜미디어 플랫폼에 자신의 모험을 공유하는 여행 관련 인스타그래머들은 꾸준히 증가하고 있다. 이들은 자신만의 방법으로 세상을 카메라에 담아 인스타그램에 소개한다.

'#여행스타그램' 해시태그로 현재 약 1천만 개의 이미지가 올라와 있다. 여행지의 아름다운 풍광 이미지가 올라오기도 하고, 본인의 모습이 나온 사진이 올라오기도 한다. 현지에서 즐기는 다양한 식사메뉴도 여행 관련 포스팅의 단골 콘텐츠다. 여행과 관련된 인스타그램 포스팅은 남성보다는 여성이, 단체여행보다는 개별여행이나 가족여행이 인기를 끌고 있다. 보통 인기 있는 포스팅은 2천여 개 이상의 '좋아요'를 받기도 한다. 이렇게 여

'#여행스타그램' 해시태그로 약 1천만 개의 게시글이 올라와 있다.

행 관련 포스팅이 인기를 얻으면서 여행사에서는 다양한 이벤트를 통해 영향력 있는 인스타그래머를 초대하는 여행상품을 안내하기도 한다.

'#인스타여행'은 '#여행스타그램'에 비해 규모에서는 뒤지지만 꾸준하게 사랑 받고 있는 해시태그다. 여행을 가게 되면 인스타그램에 올릴 때 인기 있는 해시태그를 염두에 두고 포스팅을 작성해보자.

역시 많은 호응을 받고 있는 여행 관련 해시태그인 '#해외여행'의 경우 약 67만 개의 포스팅이 올라오고 있다. 하지만 이보다는 여행지명과 함께 포스팅하는 것을 권한다. 왜냐하면 보통 '#태국여행', '#코타키나발루여행', '#미국서부여행', '#그리스여행', '#프랑스여행' 등 자신이 가고 싶은 곳의 지명으로 검색하는 경우가 많기 때문이다.

여행은 우리의 삶을 풍요롭게 해준다. 현지에서 만나는 사람들과의 행복한 순간을 사진으로 담아 인스타그램을 통해 공유하는 사람들이 늘고 있는 이유다.

'#인스타여행'은 '#여행스타그램'에 비해 게시물은 적지만 꾸준히 사랑 받고 있는 해시태그다.

인스타그램을 통해 여행을 즐기며 돈을 벌다

만일 세계여행을 즐기며 돈도 벌 수 있는 방법이 있다면 얼마나 좋을까? 실제로 그런 생각을 실현한 사람들이 있다. 바로 잭 모리스(Jack Morris)와 로렌 불렌(Lauren Bullen) 커플이다. 이들은 다른 일은 하지 않고 전 세계를 여행만 하면서 살고 있다. 어떻게 세계여행을 즐기면서 돈을 벌 수 있었을까? 그 비결은 인스타그램 계정을 통해 수익을 내기 때문이다.

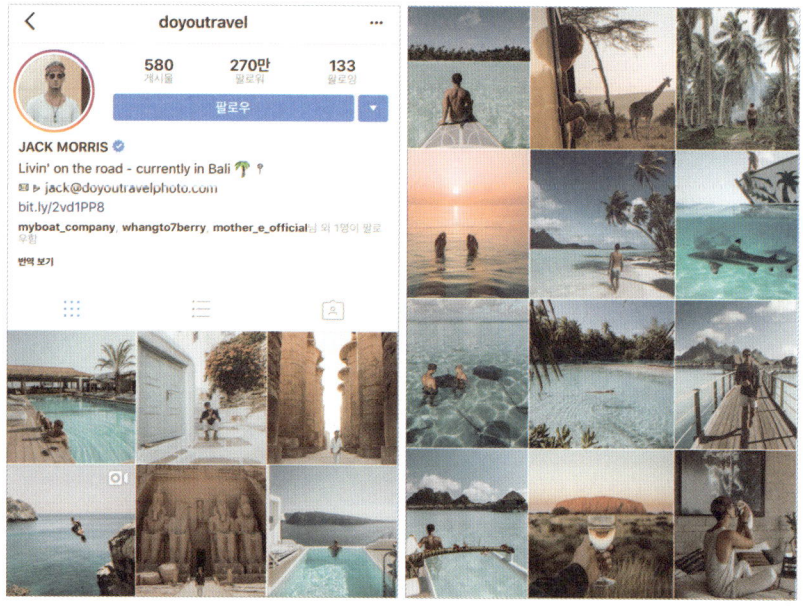

270만 명의 팔로워를 자랑하는 잭 모리스의 인스타그램 계정

이들 커플은 각자의 인스타그램 계정을 운영하고 있는데, 이들이 포스팅한 아름다운 여행지 사진은 짧은 시간에 폭발적인 인기를 얻게 됐다. 그러자 수많은 브랜드가 협찬을 하고 싶다고 러브콜을 보내기 시작했고, 여행 관련 기업체들도 이들과 손을 잡으려고 노력했다. 놀라운 것은 협찬 사진 1장당 3천 달러 이하로는 거래를 하지 않는다는 것이다. 최고 1만 달러(한화 약 1,124만 원)가 넘는 돈을 받기도 한다고 한다. 어떻게 이런 일이 가능해졌을까?

잭 모리스의 인스타그램 계정은 팔로워만 자그마치 270만 명이다. 그만큼 그의 포스팅 하나하나는 큰 파급력이 있는 것이다. 어떻게 하면 그들 부부처럼 유명한 인스타그래머가 될 수 있을까? 잭 모리스는 유명 인스타그래머가 된 자신의 비법을 다음과 같이 공개했다.

첫째, 돈을 아무리 준다고 해도 협찬은 가려서 받는다

브랜드 업체들은 자신의 제품을 홍보하기 위해 큰돈을 제시하고, 여행 관련 기업들은 여행 상품과 여행지를 알리기 위해 협찬을 제시한다. 하지만 잭 모리스는 단순히 돈의 액수에 휘둘리지 않고 자신이 정말 좋아하는 것을 알리고 포스팅한다고 한다. 타인에게 조용한 울림을 주는 사진 1장을 고르는 시간은 그래서 엄숙해진다고 한다.

둘째, 모든 사진은 맥북프로를 이용해 자신만의 느낌으로 편집한다

모든 사진들은 동일한 조건에서 편집해야 비슷한 색감을 가지게 된다. 이들 커플은 다른 사진 편집 앱이나 필터를 사용하지 않고 오로지 맥북프로만을 사용한다고 한다. 자신들만의 컬러를 일관되게 표현하는 것이다.

잭 모리스는 스토리가 풍부한 사진 1장을 고르기 위해 심사숙고한다고 한다.

셋째, 사진 1장을 선정할 때는 충분히 생각한다.

그는 포스팅을 하기 전에 가장 최근에 올라온 사진과 잘 어울리는 사진이 무엇인지 곰곰이 생각하는 시간을 가진다고 한다. 경우에 따라서는 다음에 올릴 사진을 미리 계획해 그 모습대로 분위기를 연출하기도 한다. 즉 스토리가 풍부한 사진 1장을 고르는 데 심사숙고하는 것이다.

넷째, 사람들이 붐비면 기다린다

사람들이 붐벼서 원하는 사진을 찍기가 어렵다면 기다린다. 또 붐비지 않는 시간대를 선택해 사진을 찍는다. 특히 일출 후 1시간이 지난 시간을 선호하는데, 이 시간대는 평소 붐비는 장소도 그리 분주하지 않기 때문이라고 한다. 이처럼 사진을 찍을 때는 기다림이 무엇보다 중요하다.

다섯째, 삼각대와 타이머를 사용한다

이들은 커플이다 보니 서로 사진을 찍어주기도 한다. 하지만 둘이 함께 나오는 사진을 찍을 때는 삼각대와 타이머를 사용한다. 사진을 찍어주는 사람을 따로 고용하지 않는다. 원하는 사진이 나올 때까지 몇 번이고 찍는다. 자신이 발견하지 못한 미세한 부분의 오류를 상대방은 발견하는 경우가 종종 있다. 그래서 촬영 후에는 사진을 확대해보고 마음에 드는지 서로 현장에서 점검해주는 습관을 가지게 됐다고 한다.

여섯째, 열정과 독창성, 인내심이 필요하다

돈을 벌기 위해 인스타그램을 운영하기보다는 정성과 열정이 가득한 인스타그램을 만들려고 노력하는 마음가짐이 중요하다. 열정이 있으면 단 1장의 멋진 사진을 얻기 위해 전 세계 그 어떤 오지로의 여행도 마다하지 않게 된다. 여행을 통해 다양한 경험을 축적하게 될 것이며, 그 경험을 통해 세상과 소통하는 방법을 터득하게 될 것이다.

독창성은 아무리 강조해도 지나치지 않다. 나만의 고유한 컬러와 이미지를 구축하려면 끊임없이 전문가들의 조언을 들어야 한다. 그리고 멋지게 인스타그램을 활용하고 있는 개인들을 면밀히 관찰해 모방이 아니라 전혀 다른 각도에서 살펴보고 나만의 스타일을 찾기 위해 부단히 노력해야 한다.

인내심은 매우 중요한 요소다. 멋진 일출 사진을 찍기 위해 3시간을 좋은 장소에서 기다렸는데 막상 구름이 잔뜩 낀 흐린 날씨라면 어떻게 할 것인가? 하루만에 마음에 드는 일출 사진을 찍는 것은 불가능하다. 마음속에 그린 장면과 색깔이 나오지 않았다면 그 장소를 몇 번이고 다시 찾아서 촬영을 시도해야 한다. 인내심이 있어야 멋진 사진 1장을 건질 수 있으며, 그러다 보면 서서히 타인들에게 내 인스타그램의 사진들이 알려지기 시작할 것이다.

우리는 누구나 마음속의 영웅이 있다. 아마도 여행을 좋아하는 사람이라면 잭 모리스와 로렌 불렌 커플을 무척 동경할 것이다. 우리나라도 우수한 콘텐츠를 가지고 있는 인스타그래머들이 있다. 그들 모두 잭 모리스의 6가지 조언을 마음에 새기고 자신만의 독창적인 표현의 장을 만들어야 할 것이다.

인스타그램 활용에 유리해진 여행 시장의 패턴 변화

우리나라도 이제 깃발을 들고 따라다니는 단체여행에서 점차 개별여행이나 자유여행으로 패턴이 바뀌고 있다. 여러 나라를 섭렵하듯이 다니는 여행보다 일정 기간 조용히 한 도시에 머무르는 것이 더 운치 있을 수 있다. 여행은 그 지역의 문화를 탐구하고 사람들의 삶을 관찰할 수 있는 절호의 기회를 제공해준다. 사람들의 뇌리에 기억될 만한

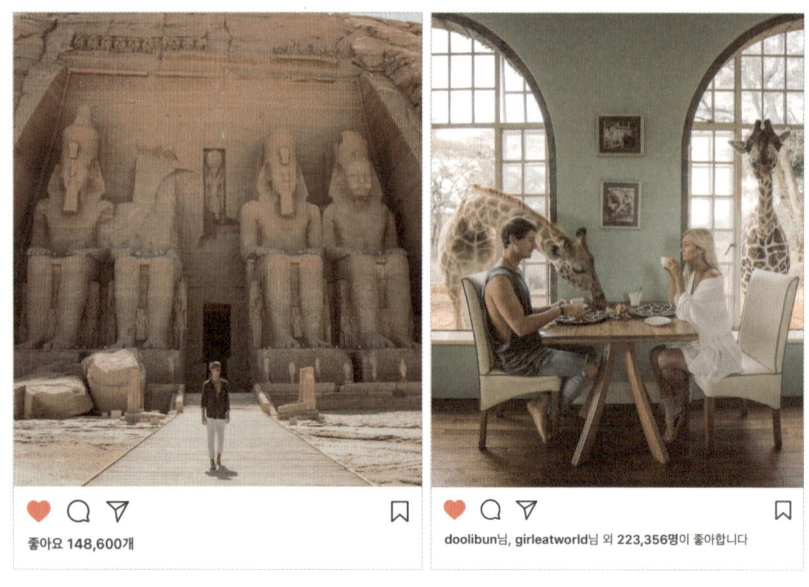

자신만의 색깔을 잘 표현한 잭 모리스의 사진들

 멋진 장면들을 인스타그램에 하나씩 올려보자. 그 사진들이 서로 유기적으로 연결되고 하나의 멋진 하모니를 이루게 되면 많은 사람들에게 사랑을 받게 될 것이다. 한술에 배 부르려고 하지 말고 한 발짝씩 앞으로 나아가보자.

 잭의 사진들을 잘 살펴보자. 왜 수많은 사람들이 잭의 사진에 '좋아요'를 눌렀을까? 잭은 우리가 흔히 사진을 찍을 때 사용하는 브이 사인이나 정면을 향해 환하게 웃는 모습을 연출하지 않는다. 자연스러움이 그가 찍는 사진의 특징이다. 이집트에 갔을 때 찍은 사진은 살짝 왼쪽 앞을 응시하며 천천히 앞으로 걸어오는 모습이다. 케냐에서의 사진은 식탁에서 기린과 자연스럽게 어울린 모습이다. 기린이 자신의 접시 위에 놓인 음식을 탐해도 전혀 개의치 않는 의연함이 잘 표현됐다.

여행을 소재로 한 인스타그래머 중에는 스마트폰으로 촬영한 사진만 고집하는 경우도 있다. 이런 사진은 필터나 편집용 앱을 사용하지 않고 올리는 것이 더 자연스러울 수 있다. 여러 장의 사진을 다양한 각도에서 찍어 마음에 드는 사진을 골라보자.

최근에는 인기 인스타그래머들의 활약에 힘입어 관광 업계에서도 적극적으로 인스타그램을 홍보 마케팅에 활용하고 있다. 대형 여행사뿐만 아

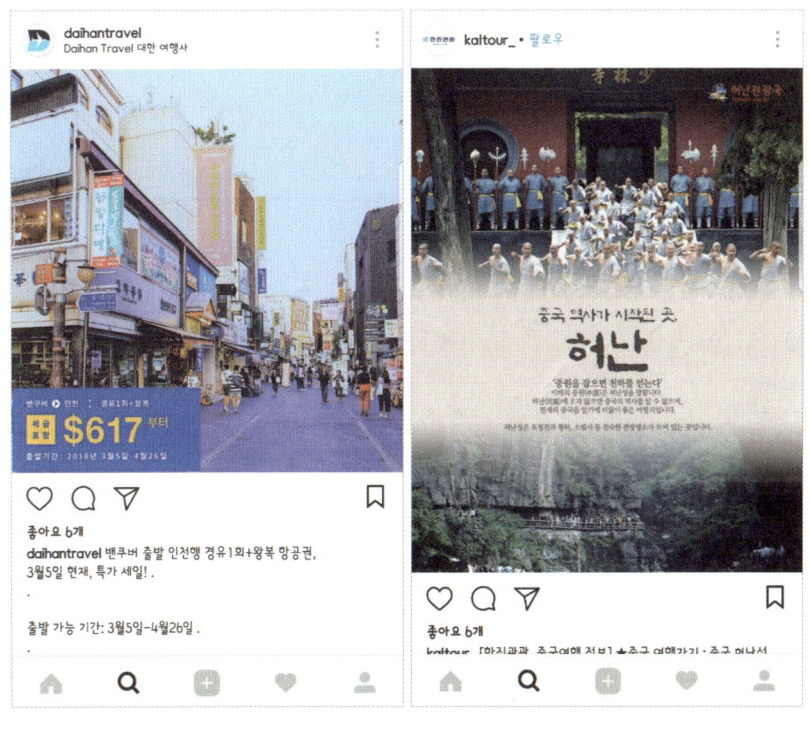

대한 여행사의 여행 상품 홍보 포스팅(왼쪽)과 한진관광의 여행 상품 홍보 포스팅(오른쪽)

니라 소규모 여행사에서도 인스타그램으로 자신들의 여행 상품을 소개하고 홍보한다. 후기로 올라오는 사진들을 리그램하기도 하는데, 여행지에서 찍은 멋진 사진 1장이 백 마디 말보다 광고 효과가 더 크기 때문이다.

 멋진 1장의 사진을 위해 강렬한 햇볕 아래에서 오랜 시간 머무르기도 하고, 동물들이 자신에게 자연스럽게 다가오도록 끈질기게 기다릴 줄도 알아야 한다. 그렇게 나만의 명품 사진 1장을 건지기 위해 최선을 다해야 한다.

 사진은 빛과 프레임의 예술이라고 한다. 사진을 찍기 좋은 빛이 있는 시간대를 잘 선택하고, 누가 보더라도 멋지게 느낄 수 있는 프레임 안에 피사체를 넣어보자. 그렇게 인스타그램에 당신의 멋진 삶을 담아내 사람들에게 소개해보자.

요식업 시장의 인스타그램 마케팅

우리나라에서는 1인 미디어 플랫폼 아프리카TV가 대표적인 먹방(음식 먹는 방송) 채널이었다. 그런데 이제 인스타그램에서 먹방으로 소통하는 사람들이 늘고 있다. 인스타그램에서 먹방이란 말은 '음식을 먹는다'라는 말로 범용되어 쓰이고 있다. 현재 '#먹방' 해시태그로 약 1,400만 개의 포스팅이 올라와 있으며 '#먹방스타그램'은 약 1백만 개의 포스팅이 인스타그램에 노출되고 있다. 먹방을 주제로 한 포스팅은 크게 3가지 유형으로 나뉜다.

1. 아웃포커싱 사진

가장 많이 등장하는 사진은 음식을 먹기 전 젓가락으로 음식을 들고 찍은 사진이다. 이 경우 강조하고자 하는 젓가락에 잡힌 음식에 초점을 맞

아웃포커싱 기법을 잘 활용한 사례들

추고 주변을 흐리게 하는 아웃포커싱 기법을 많이 사용한다. 접시 위에 음식을 그대로 아웃포커싱해 찍기도 한다.

2. 항공 사진

비행기가 위에서 지상을 내려다보듯이 전체 음식을 찍는 방법이다. 하지만 자칫 구도를 잘못 잡으면 사진이 지저분하게 보일 수 있다. 따라서 전체를 사진 1장에 다 담으려 하기보다는 음식의 일부를 푸짐해 보이도록 찍는 것이 더 유효하다.

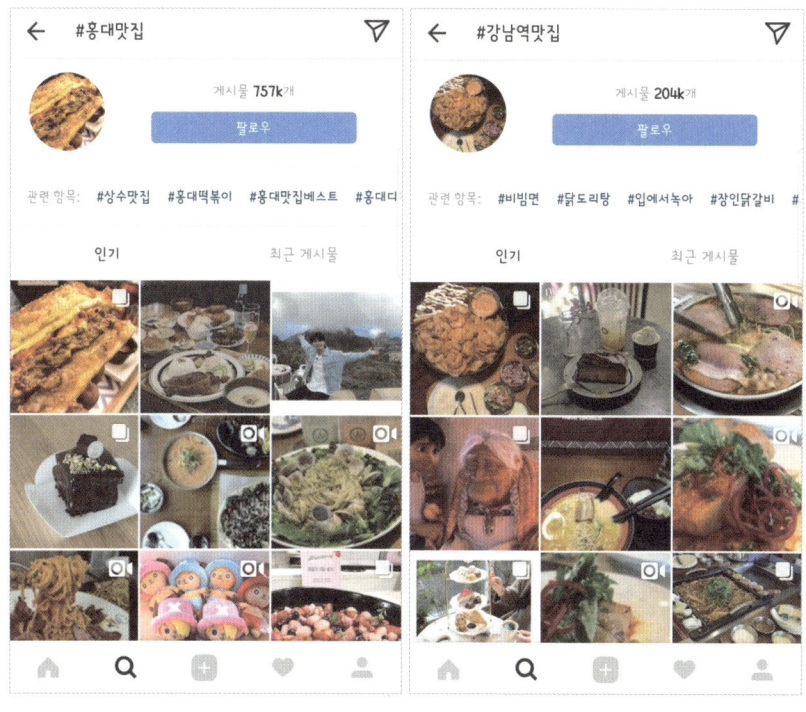

인스타그램에서 '#홍대맛집'을 검색한 결과(왼쪽)와 '#강남역맛집'을 검색한 결과(오른쪽)

3. 60초 이내의 동영상

정적인 사진보다 역동적이고 재미있는 콘텐츠를 만들려고 할 때 동영상을 많이 이용한다. 맛있게 음식을 먹는 장면이나 비주얼이 뛰어난 음식을 먹는 장면을 최대 60초까지 촬영해 인스타그램에 올릴 수 있다. 먹는 모습과 더불어 설명까지 재미있게 곁들이면 큰 호응을 얻을 수 있다.

앞에서 설명한 3가지 유형만 염두에 두면 될까? 물론 아니다. 식당에 대한 정보를 사진이나 동영상과 함께 넣어야 한다. 영향력 있는 인스타그래머의 경우 파워블로거와 마찬가지로 비용을 받고 맛집을 소개해달라고 부탁을 받는 경우가 점차 늘고 있다. 예를 들어 '#홍대맛집'의 경우 약 75만 개의 포스팅이 올라와 있으며, '#강남역맛집'의 경우는 약 20만 개의 포스팅이 올라와 있다. 구체적으로 음식점의 상호를 노출하는 경우도 많지만 업체들은 보통 지역 이름과 함께 '○○ 맛집'이라는 포괄적 의미로 검색되기를 더 원한다.

소비자 참여형 포스팅을 유도해보자

2015년 국내에 문을 연 슈하스코(브라질 정통 스테이크) 전문 레스토랑 '텍사스 데 브라질(TEXAS de BRAZIL)'은 2017년부터 대대적인 인스타그램 마케팅을 전개했다. 인스타그램 마케팅은 단기간에 레스토랑을 크게 알리는 계기가 됐다. 특히 각자의 입맛대로 맛있게 먹는 자신만의 방법을 포스팅하게 하는 이벤트가 주효했다. 고객들이 적극적으로 동참하게 한 이 이벤트로 인해 텍사스 데 브라질은 인스타그램에 많은 콘텐츠를 확보하게 됐고, 그 덕분에 대표적인 프리미엄 식당의 이미지를 굳힐 수 있었다.

텍사스 데 브라질의 공식 계정에는 111개의 포스팅이 올라와 있을 뿐이지만 '#텍사스데브라질' 해시태그로 고객들이 올린 포스팅은 무려 4,500개를 넘고 있다. 이렇게 이벤트를 통해 소비자 참여형 포스팅을 유도하게 되면 높은 인지도를 얻을 수 있다.

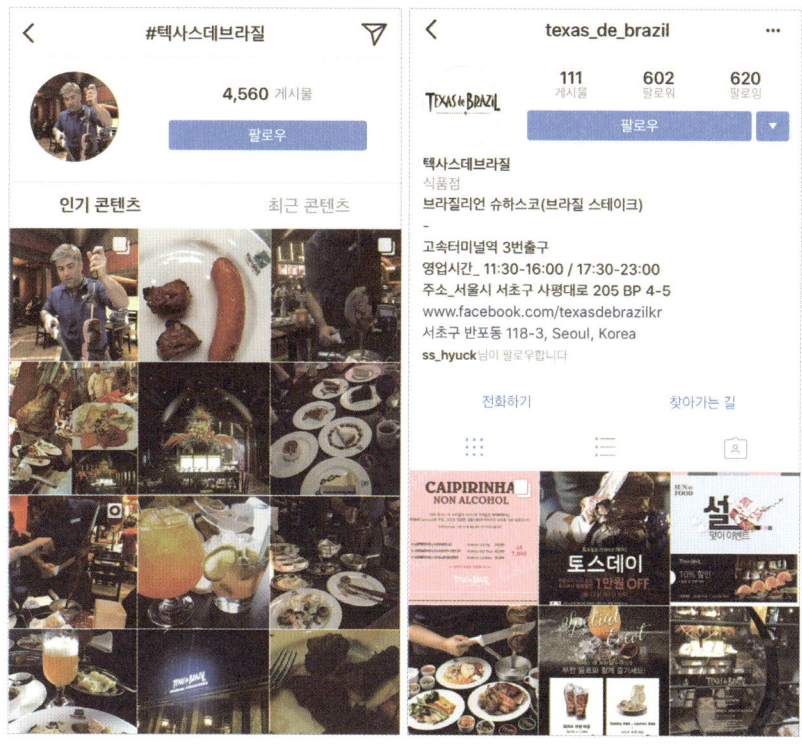

인스타그램에서 '#텍사스데브라질'로 검색한 결과(왼쪽)와 텍사스 데 브라질의 인스타그램 계정(오른쪽)

필사가 찍은 텍사스 데 브라실의 음식 사진. 음식과 관련된 포스팅은 상대방에게 식욕이 생기도록 해야 성공이라 할 수 있다.

Part 5 · 업종별 인스타그램 마케팅 사례 분석

사실 음식과 관련된 포스팅은 상대방에게 식욕이 생기도록 해야 성공이라 할 수 있다. 우리가 촬영하는 기본 사진모드는 직사각형이다. 그런데 인스타그램에 포스팅을 하게 되면 좌우가 잘린 정사각형이 된다. 따라서 필자의 경우에는 스마트폰 카메라의 1:1 모드를 종종 이용한다. 1:1 모드는 사진이 정사각형의 형태로 촬영되기 때문에 인스타그램에 바로 올릴 수 있다는 장점이 있다.

식사 전에 음식을 스마트폰 카메라로 촬영해서 '#먹방', '#먹방스타그램', '#먹스타그램' 등의 해시태그로 포스팅해보자. 의외로 큰 반응을 얻게 될 수도 있다. 텍사스 데 브라질에서는 고객들이 올린 포스팅 중 반응이 좋은 것들을 추첨해 여러 가지 혜택을 제공했다. 이처럼 음식을 먹고 인스타그램에 후기 사진을 올린 고객들에게 할인 등의 혜택을 제공하는 것도 좋은 방법이다.

SECTION 05
피트니스 시장의 인스타그램 마케팅

이제 사람들은 건강에 눈길을 돌리기 시작했다. 피트니스 시장은 인스타그램 마케팅의 한 축을 담당하고 있다. 나만의 체중감량 비법 등을 소재로 다루는 피트니스 인스타그램이 크게 유행하는 이유를 알아보자.

'#피트니스'는 약 76만 개의 포스팅이 올라와 있는데 운동으로 다이어트를 하려는 사람들에게 인기가 많다. 특히 피트니스 시장은 여름철이 되면 여성들의 관심이 높아진다. 이러한 수요로 인해 피트

'#피트니스' 해시태그는 다이어트를 하려는 사람들에게 인기가 많다.

아놀드 홍의 사진. 아놀드 홍은 인스타그램을 통해 피트니스 트레이닝을 홍보한다.

니스 전문가들은 근육으로 다져진 자신의 몸매를 인스타그램에 노출하면서 다양한 운동 프로그램을 식사요법과 함께 소개하고는 한다.

  사람의 몸은 각도와 조명에 따라 사진에 나오는 모습이 크게 달라진다. 완벽하고 무결점인 몸을 만드는 것은 어쩌면 평생 불가능한 일일 수도 있다. 그럼에도 불구하고 인스타그램을 통한 피트니스 마케팅은 꾸준하게 사랑을 받고 있으며, 여러 성공사례로 소개되고 있다.

  앞의 이미지들은 인스타그램에서 활발히 피트니스 트레이닝을 홍보하는 아놀드 홍의 사진이다. 적절한 조명으로 몸의 근육질을 부각시키고 있다. 아놀드 홍은 인스타그램을 통해 자신의 사진뿐만 아니라 회원들의 몸매 변화를 비교한 사진이나 강연 사진 등을 꾸준하게 올리고 있다. 이렇게 인스타그램은 다양한 분야에 걸쳐 폭넓게 홍보 마케팅의 수단으로 활용되고 있다.

피트니스 트레이너는 거울 앞에서 자신의 몸매를 찍은 사진을 올리기도 하고, 군살이 전혀 없는 자신의 뒷모습이나 근육을 가까이서 찍어 올리기도 한다. 일단 눈에 띄는 이미지를 만들었다면 그 다음은 설명을 잘하는 것이 중요하다. 사진과 함께 간단한 운동방법에 대한 팁과 연락처를 남기는 것은 기본이다.

피트니스 인스타그램의 경우 동영상을 십분 활용하는 것이 관건이다. 예를 들어 '기구를 사용하는 바른 운동법 10가지', '기구 없이 하는 근력 운동법 10가지', '러닝머신 운동법 3가지', '유산소 운동 팁' 등 다양한 주제를 미리 선정한 후 각각 60초씩 동영상을 만들어 포스팅하는 것이 좋다. 물론 동영상의 마지막 부분에는 트레이너의 개인 연락처나 피트니스 클럽의 연락처를 추가하는 것이 바람직하다. 경우에 따라서는 체험권을 제공해 하루 동안 무료로 체험할 수 있도록 하는 이벤트도 진행할 수 있다.

피트니스 인스타그램의 특징은 쌍방향 소통

그런데 아마도 대부분의 사람들이 운동을 결심한 뒤 며칠이 지나지 않아 바로 포기한 경험이 있을 것이다. 운동은 지속성이 생명이다. 만일 피트니스를 하겠다고 결심했다면 그 마음을 담은 글귀를 간단하게 인스타그램에 포스팅해보자. 이를 통해 팔로워들의 응원과 지지를 받을 수 있다. 포기하지 않는 끈기, 즉 운동의 지속성은 이렇게 외적인 요인에도 큰 영향을 받는다. 피트니스 트레이너나 업체에서 이벤트를 통

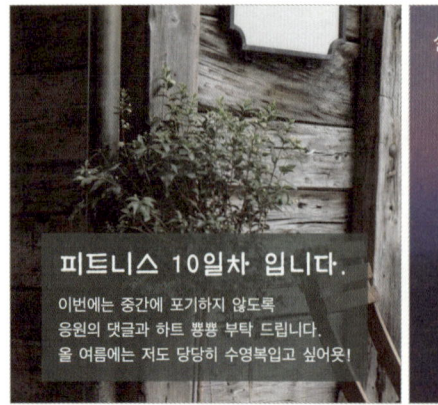 

피트니스 인스타그램의 특징은 쌍방향 소통이다. 팔로워들에게 응원과 지지를 호소하는 포스팅 사례

해 회원들에게 자신의 모습을 기록하고 포스팅할 것을 권하는 데는 이런 연유가 있다.

피트니스 인스타그램의 특징은 쌍방향 소통이다. 피트니스 트레이너의 인스타그램 계정이 홍보 마케팅에 무게가 실려 있다면, 피트니스를 결심한 사람의 인스타그램 계정은 응원과 지지를 호소하는 데 그 무게 중심이 실려 있다.

피트니스를 진행하면서 일정 주기마다 자신의 변화된 모습이나 응원과 지지를 호소하는 글귀를 꾸준히 포스팅할 것을 권한다. 피트니스 중인 사진이나 동영상을 올리며 자신의 체지방 지수가 줄어들고 있는 것을 기록하는 것도 좋다.

체지방 감소는 꾸준한 운동을 통해서만 가능하다. 특히 자신의 모습을 촬영할 때는 타인에게 부탁하는 것이 좋다. 그게 여의치 않다면 전신유리에 비친 자신의 모습을 찍는 것도 방법이다. 포스팅할 때는 서브키워드인

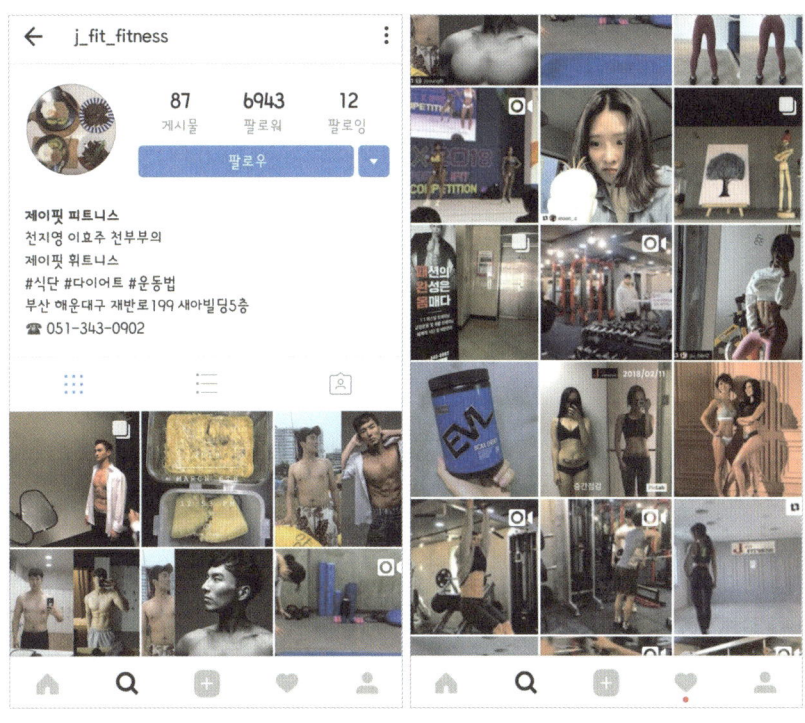

제이핏 피트니스의 인스타그램 계정. 리그램을 통해 회원들이 자신의 변화하는 모습을 포스팅하도록 유도하고 있다.

'#피트니스스타(약 8만 6천 건)', '#피트니스모델(약 11만 2천 건)', '#피트니스타그램(약 8천 건)' 등의 해시태그를 사용하는 것이 좋다.

앞의 사진은 지방의 한 피트니스센터의 인스타그램 계정이다. 보통 피트니스센터는 리그램을 통해 회원들이 자신의 변화하는 모습을 포스팅하도록 유도하는 경우가 많은데, 회원들의 활발한 포스팅이 신규회원 유치에 큰 도움이 되기 때문이다. 업체명이나 업체 고유의 해시태그를 만들어 회원들이 사용할 수 있도록 유도해보자.

에필로그 • 인스타그램 마케팅에 뛰어든
독자 여러분들의 건승을 바라며

소셜미디어 홍보 마케팅의 흐름은 텍스트 중심에서 이미지 중심으로 빠르게 변하고 있다. 여기서 우리가 주목해야 할 점은 2017년에 이미 모바일 광고 시장이 PC 광고보다 2배 이상 성장했다는 것이다. 2018년 이후에도 모바일 광고 시장은 고속성장을 거듭할 것으로 예측된다. 따라서 PC용으로 각광을 받아오던 홈페이지 위주의 마케팅은 분명한 한계가 있다. 이제는 모바일 시장으로 눈길을 돌려야 한다. 그 중심에 바로 인스타그램이 있다.

지난 2012년, 인스타그램은 창업 18개월 만에 페이스북에 인수됐다. 전 세계인이 놀란 이 인수합병의 규모는 10억 달러(약 1조 원)에 달했다. 왜 세계적인 IT기업 페이스북은 창업한 지 2년도 되지 않은 회사를 거금을 들여 인수했을까? 페이스북은 그동안 PC 기반의 강력한 SNS 도구로 인식되어 왔다. 따라서 인스타그램 인수로 그동안 취약했던 모바일 플랫폼에 강력한 지지 기반을 확보해 시장을 주도할 수 있게 된 것이다. 전문가들은 페이스북의 인스타그램 인수를 '신의 한 수'라고 평가한다. 인수 이후 인스타그램의 기업가치가 폭발적으로 성장했기 때문이다.

인스타그램은 2018년 6대 마케팅 전략을 공식적으로 발표했다. 인스타그램과 협업한 전 세계 브랜드와 8억 개 인스타그램 '월 활동 계정(MAA ; Monthly Active Account)'을 통해 소비자 행태를 분석한 자료여서 그 의미가 더 크다.

첫째, '앱 내(in-app)' 쇼핑 기능인 '쇼핑 온 인스타그램(shopping on instagram)'의 기능이 확대될 예정이라고 한다. 전문기관의 조사에 의하면 '소셜미디어상에서 특정 브랜드와 소통하면 해당 브랜드에 충성도를 가질 확률이 높아진다'라는 결과가 나왔는데, 이는 소셜미디어상에서의 직접 판매가 효과적이라는 사실을 증명해주는 결과다.

둘째, 2019년에 이르면 온라인 동영상 시청의 72%가 모바일 기기로 이루어질 것이라고 한다. 따라서 2018년에는 인스타그램에 다양한 형태의 동영상이 쏟아져 나올 것으로 예측된다. 앞으로는 창의적이고 몰입도 높은 동영상이 주목받을 것이다. 또한 인스타그램 스토리와 같이 일정 시간이 지나면 사라지는 신선한 콘텐츠가 소비자들에게 큰 인기를 끌 것으로 예측된다.

셋째, 앞으로는 전화나 이메일보다 더 즉각적인 메신저가 주류로 자리잡을 것이다. 이는 개인 인스타그램 계정뿐만 아니라 브랜드 계정에게도 적용된다. 따라서 앞으로는 이러한 경향이 가속화되어 더 많은 브랜드가 메신저를 통해 고객과 소통할 것이다.

넷째, 소셜미디어가 쉽고 효율적인 마케팅 툴을 제공하면서 소규모 브랜드의 시장 진입과 성장, 글로벌 시장으로의 확대가 용이해졌다. 소규모 패션 양말 업체인 한국의 삭스어필(socks appeal)은 인스타그램을 통해 브랜드 이미지를 구축하고 동시에 매출을 증대한 좋은 사례다. 2018년에는 이런 소규모 기업이 글로벌 마케팅 캠페인을 통해 입지를 굳혀나갈 것으로 보인다.

다섯째, 인스타그램에는 유화 그림을 좋아하는 그룹부터 육아 지식을 나누는 사람들까지 각양각색의 커뮤니티가 있다. 따라서 패션·뷰티 업계의 사례처럼 특정 고객층을 노린 틈새 비즈니스의 도구로 인스타그램이 더 적극적으로 활용될 것이다.

여섯째, 소셜미디어의 '좋아요'와 댓글의 수가 마케팅 캠페인의 성공을 측정하기도 하지만, 결국 가장 중요한 것은 매출을 통한 비즈니스의 성과다. 따라서 팔로워가 어떤 사람인지, 어떤 콘텐츠가 효과가 더 큰지 자세한 인사이트를 받아 분석하는 것이 매우 중요하다. 자신의 브랜드에 관심을 가진 이들이 어떤 사람인지 자세히 파악해 적절한 콘텐츠를 제작해나가는 노력이 병행되어야 할 것이다.

이 책을 출판하기까지 1년 이상 데이터를 수집하고 다양한 층을 만나 의견을 들었다. 아무쪼록 이 책이 인스타그램 마케팅의 입문서로 잘 활용되어지기를 바란다. 쉼 없이 변하는 세상에서 변하지 않는 유일한 것은 '변화'라는 말이 있다. SNS도 끊임없이 변화하며 앞으로는 더 다양한 인스타그램 마케팅 기법이 등장할 것이다. 독자들이 앞으로도 이러한 'SNS

의 변화'를 인지하고 효율적으로 대응하길 바라며 필자는 지속적으로 새로운 마케팅 소식을 블로그(intel007.blog.me)에 포스팅할 계획이다. 독자 여러분들의 건승을 바란다.

양성길

따라하면 매출이 따라오는 인스타그램 마케팅

초판 1쇄 발행 2018년 4월 2일
초판 8쇄 발행 2020년 5월 20일

지은이 | 양성길 최재용
펴낸곳 | 원앤원북스
펴낸이 | 오운영
경영총괄 | 박종명
편집 | 이광민 최윤정 김효주 강혜지 이한나
디자인 | 윤지예
마케팅 | 송만석 문준영
등록번호 | 제2018-000146호(2018년 1월 23일)
주소 | 04091 서울시 마포구 토정로 222 한국출판콘텐츠센터 319호(신수동)
전화 | (02)719-7735 팩스 | (02)719-7736
이메일 | onobooks2018@naver.com 블로그 | blog.naver.com/onobooks2018
값 | 14,000원
ISBN 979-11-963418-2-4 14320
　　　979-11-963418-1-7 (세트)

* 잘못된 책은 구입하신 곳에서 바꿔 드립니다.
* 이 책은 저작권법에 따라 보호받는 저작물이므로 무단 전재와 무단 복제를 금지합니다.
* 원앤원북스는 독자 여러분의 소중한 아이디어와 원고 투고를 기다리고 있습니다. 원고가 있으신 분은 onobooks2018@naver.com으로 간단한 기획의도와 개요, 연락처를 보내주세요.

> 이 도서의 국립중앙도서관 출판예정도서목록(CIP)은 서지정보유통지원시스템 홈페이지(http://seoji.nl.go.kr)와 국가자료종합목록 구축시스템(http://kolis-net.nl.go.kr)에서 이용하실 수 있습니다. (CIP제어번호 : 2018008713)